岳飞传

皮波人物国际名人研究中心　编著

国文出版社
·北京·

图书在版编目（CIP）数据

岳飞传 / 皮波人物国际名人研究中心编著. -- 北京 ：
国文出版社，2025. -- ISBN 978-7-5125-1826-1

Ⅰ. K825.2

中国国家版本馆CIP数据核字第2024EU9925号

岳飞传

编　著	皮波人物国际名人研究中心	
责任编辑	戴　婕	
统筹监制	杨　智	
责任校对	周　琼	
出版发行	国文出版社	
经　销	国文润华文化传媒（北京）有限责任公司	
印　刷	文畅阁印刷有限公司	
开　本	880毫米×1230毫米	32开
	6印张	110千字
版　次	2025年3月第1版	
	2025年3月第1次印刷	
书　号	ISBN 978-7-5125-1826-1	
定　价	59.80元	

国文出版社
北京市朝阳区东土城路乙 9 号　　　　　邮编：100013
总编室：（010）64270995　　　　传真：（010）64270995
销售热线：（010）64271187
传真：（010）64271187-800
E-mail：icpc@95777.sina.net

　　岳飞（1103—1142 年），字鹏举。南宋初抗金名将。相州汤阴（今河南汤阴）人。北宋末年投军，任秉义郎。宋高宗即位后，岳飞上书反对南迁，被革职。不久，随宗泽守卫开封，任统制。宗泽死后，跟从杜充南下。建炎三年（1129 年），金朝完颜宗弼渡江南进，岳飞移军广德、宜兴，坚持抵抗。次年，金军在江南军民的反击下被迫北撤；岳飞攻击金军后队，收复建康（今江苏南京）。所部军纪严明、英勇善战，称为"岳家军"。

　　绍兴四年（1134 年），大破金朝傀儡伪齐军，收复襄阳、信阳等六郡，任清远军节度使。绍兴九年，宋高宗、秦桧与金朝议和，岳飞上表反对。次年，完颜宗弼进兵河南，岳飞出兵反击，收复郑州、洛阳等地，在郾城（今河南漯河）大败金军。当时，宋高宗、秦桧一意求和，以十二道金牌下令岳飞退兵。岳飞回临安（今浙江杭州）后，被解除兵权，任枢密副使。不久，被诬陷谋反，下狱。绍兴十一年十二月二十九日（1142 年 1 月 27 日），以"莫须有"的罪名，与其子岳云等同时被杀害。

　　宋孝宗时，被追谥"武穆"。宋宁宗时，被追封"鄂王"。

目 录

第三章 兴师北伐

第一章

初露锋芒

出生不久就遭遇洪水

中国历史上著名的民族英雄岳飞,于宋徽宗崇宁二年(1103 年)二月十五日出生在相州汤阴(今河南汤阴)永和乡孝悌里程岗村的一个农民家庭。

岳飞的父亲名叫岳和,为人厚道。他经常省吃俭用,救济村里更为贫穷的人家,因此在村中有口皆碑,人人都知道他善良敦厚。岳飞的母亲姚氏善解人意、勤俭节约,尽心尽力操持家中的生活。

说起岳飞的名字,还有一个很有趣的故事。当小岳飞刚出生的时候,恰巧有一只像天鹅的大鸟,一边叫着一边飞过他们家的屋顶,所以父亲就给他起名"飞"。父亲希望小岳飞长大之后能够鹏程万里,扶摇直上。

岳和在五十多岁才有了这么个儿子,实在是欢喜极了,压在他心中的那个"不孝有三,无后为大"的石头终于落地了。

村里的亲戚朋友们也都来贺喜,这老两口更是欣喜。到了第三天中午,他们就在家中置办了酒宴,招待远亲近邻们。

大家吃得很高兴，家中热闹非凡，从早上一直吃到晚上。

忙活了很长时间，岳和才有了点空闲，他进屋看到小岳飞在姚氏怀中睡得很香，便很欣慰地笑了。

姚氏抬头问："大家都回去了吗？"

岳和摇了摇头："大家现在正吃得开心，一会儿我还得去陪着。"

老两口正在闲聊，忽然听到外边很吵闹，不知道发生了什么事。岳和刚要出去看看，一个人慌慌忙忙跑进来大声喊道："不好了！不好了！洪水来了！"

话刚说完，泛着浑浊泡沫的大水瞬间涌了进来。老两口一下子就慌了，不知道该去哪里。岳和慌忙搀着妻子往门外跑。

无奈再怎么跑也跑不过洪水。眼看就要被淹没了，他们俩突然看到新买的荷花缸还浮在水面上！于是，岳和抓住缸沿，把妻子和小岳飞都放到缸里。还没等他们坐稳，荷花缸就顺势漂出了墙外。

很快，整个村落被滚滚洪流吞没了。

姚氏抱着小岳飞坐在缸内，顺着水势漂到了一个叫作麒麟村的地方才慢慢停了下来。这个村中有个富有的员外叫王明,他听说村外的河里漂过来了许多东西,村里大部分人都在打捞,他也小跑着来到了河边。这时,王明看到一只大缸慢慢顺着河岸漂了过来。

王明让家人用钩子钩在大缸沿上,将它拉了过来,只见大缸中坐着一个妇人,怀中抱着个小婴儿。王明和家人问:"你是从哪里来的?"问了好几遍,都没有听到回答。

原来,姚氏才生下小岳飞没多久,身体很虚弱,又遇到洪灾,在水面上漂了整整一夜,早已浑身无力,陷入昏迷状态了。

王明和家人又大声喊了几遍,姚氏才缓缓地醒过来。她看到外边是一群陌生人,忽然明白了自己是被洪水冲到这里的。想起了自己的丈夫,她不由得哭了起来。

王明赶快让家人把姚氏小心地扶出花大缸,搀回家里。

王明问清了事情的来龙去脉之后,便安慰她说:"放心吧,这里离你们村不是很远,等洪水退去之后,我派人去打探打探,总会得到一些消息的。"

过了两天,王员外派人到小岳飞出生的村子去打听。可是,他们来到村子才发现,整个村子已经面目全非,到处是倒塌的房屋,一片狼藉,根本没什么人,更不用说找到小岳飞父亲的下落了。

姚氏知道情况后，猜到丈夫生还的机会渺茫，十分悲伤。好心的王员外夫妇安慰她说，她丈夫一定会找到的。

也许真的是吉人自有天相吧，那一天，岳和眼看着自己就要被洪水吞没了，在生死关头抓到了一块木板，就紧抱住不松手，才没有在洪水中淹死。

等到洪水退去，岳和四下打听妻儿的下落，几经周折后终于找到了麒麟村的王员外家。老两口再度相逢，喜极而泣。

长期在别人家中住着总归不好，虽然王员外夫妇极力挽留他们多住些时日，但岳飞父母还是急着返回村子，打算重建家园。

这场洪水实在是太造孽了，虽然大水退去了，但是村里的惨烈景象让人心酸，到处都是倒塌的房屋，地面也淤积着厚厚的一层泥水。幸好小岳飞的父母调养过来后身体还算健壮，而且王员外又派人送过来一些财物。重建家园非常艰辛，无论小岳飞的父母怎么辛勤劳动，他们一时还是难以恢复到以前的样子，有时甚至一天三顿饭都没得吃。

昏庸腐败的朝廷，哪里关心民间的疾苦？明知有灾害也不去赈灾。

且看当朝天子徽宗，他是神宗的第十一个儿子，在政治方面没有才能，琴棋书画、吹拉弹唱倒是样样精通。自从他即位以来，政事方面一向委任蔡京去办，而蔡京的儿子蔡攸也得到重用。这满朝的文武大臣，大部分都是他们父子俩的亲信。

徽宗还很推崇道教，自认为是天帝降临。他修筑迎真宫，设置道阶道官，立道学，编道史，自号"教主道君皇帝"。他还宠信各地来的方士，而这些方士顺着他的心意，凭借着一些障眼法，谎称是天神的意思，使他沉迷于玄幻之中而无法自拔。

备受皇帝宠信的蔡京，不惜耗费巨资去攻打西羌，虽收复了一些羌人曾占领的地方，但是边事一起，从此兵连祸结，劳民伤财，老百姓再无安宁之日了。

在家中念书写字

时间过得很快，转眼岳飞已经七岁了。但是，他家中贫困，没钱让他去读书，他就每天在外边嬉笑打闹。

有一天，母亲姚氏对岳飞说："你已经七岁了，却还是在外边天天玩，这哪里能行啊！虽然现在你没办法帮助爹爹做重体力活，但是可以去外边捡些柴火，这样可以帮助家里减轻些负担。"

岳飞忙说："娘说得很对。"他背上了筐篓,就去村外捡拾柴火。

到了村外,他四下看了看,不知道去哪里捡柴火。他看到草地上有几个小朋友在玩耍,有两个是邻居家的儿子。他们看到他,就让他过去一起玩,他摇摇头说还要帮母亲捡柴火。谁知,那群小朋友不答应,就过来拉他一起去玩。他打小就比同龄的孩子力气大,两手一用力就推倒了近身的四五个孩子,趁机跑了。

那群小朋友见岳飞比自己厉害很多,也不敢去追,就说:"岳飞,你敢打人!哼,看你能跑到哪里去!"

可是,岳飞一点也不怕。等到岳飞走远了,有两个小孩就到岳飞他家去哭诉,说是他撒野打人。他母亲姚氏赔了许多不是,安慰了他们,心里却很上火,等到他回到家里,又见他筐篓内都是些树枝,便说:"我叫你去捡些柴火,你却和小朋友打架,还把他们打哭,让人家找上门来。再看看你捡的这些树枝,都是别人家的花枝,要是被人家发现了,你一定会被他们责骂的。你说你还爬到树上去了,要是摔下来可怎么办?"

岳飞见母亲很气愤,赶忙下跪说:"娘,您不要生气了,也不要担心了,我以后再也不折树枝了。"

母亲宽了些心说:"你先起来吧,明天你不用去捡柴火了。我从王员外处借到一本《千字文》,以后教你认字。"

第二天,姚氏就开始教岳飞读《千字文》。岳飞天生就很聪明,他读了一遍就熟记于心了。母亲心里十分高兴,又打算教他写字。然而家中没有纸笔,这可难住了母亲。岳飞想了想,便笑着说:"要纸笔很容易,我去拿纸笔。"

岳飞找了一个簸箕,跑到河边装了一簸箕沙子,又折了几根柳枝,回到家对母亲说:"娘,您看这个纸笔可以吧? 不用花钱买,而且也用不完。"

母亲看着岳飞,微微笑道:"不错不错,这真是个好主意。"母亲把沙子铺在桌面上,用柳枝在沙上教岳飞写字。母亲教了一会儿,岳飞自己就会写了。

从此,岳飞在母亲的督促下,从早到晚在家中念书写字。

烦闷的私塾生活

时光荏苒,转眼间岳飞已经十岁了。在母亲的悉心教导之下,那本《千字文》他已经背得滚瓜烂熟了。可是,家里没钱买新书,而且村里又都没有书,无处去借,这可急坏了母亲。因为没有解决的办法,她只好每天督促岳飞去练字。岳飞就拿着柳枝在河边沙滩上练习写字,因此练成了一手很不错的书法。

每天除了练习写字之外,岳飞最喜欢的就是舞枪弄棒。虽然没有老师教导,但是因为他力气很大,练起来也是虎虎生威。

有一天,地里活儿不是很多,岳飞父亲回来得早,岳飞母亲说:"咱们孩子都十岁了,是不是该送他去念书了?"

父亲说:"你不是在教他读《千字文》吗?"

母亲道:"只有一本《千字文》,他早就倒背如流了。我看他很聪明,再这么下去,恐怕会毁了他啊!"

父亲叹息道:"话是这么说,可是去念书需要很多的钱,咱们家哪有这么多钱呢？”

母亲接着说：“我都问过了，去念书花钱不是很多。我可以帮人家缝补衣服什么的，每月只要多接几件衣物，孩子念书的钱也就有了。”

岳飞父亲担心妻子的身体，但还是拗不过她。过了几天，父亲就带着岳飞到私塾里去拜见先生陈广。

这位先生本来是一位秀才，但是他无论怎么考，都不能榜上有名。他感到很失望，加上自己年纪有些大了，就在村里开了个小学馆，收几个学徒，赚一些银两，也不至于忍饥挨饿。

父亲叮嘱岳飞要好好听先生的话，不许胡闹。

岳飞刚开始听说要送他去念书，心中十分高兴，但是时间一长，他又感到很失落。先生教的东西，他一遍就能熟记，而其他人往往念个三五遍还不能记住，他得等其他人都能熟记了才能开始学习新的东西。总是这么等，他就不耐烦了。

岳飞心想，总是这么摇头晃脑地念这些书，做个书呆子，有什么用处呢？那不反倒辜负了母亲的期望吗？而且，母亲由于长期劳作都累病了，还不能去治，这怎么能行呢？

想到这些，岳飞便毅然去告诉母亲，他不要再去上学了。

母亲听到后十分惊讶，问岳飞：“为什么？难道是先生打你了？"

岳飞摇摇头："没有。"

母亲又问："那是有同学欺负你了吗？"

岳飞说："我这么大力气，没人敢欺负我。"

母亲追问："那是为什么？"

岳飞说："先生教的那些我早就会了。"

母亲赶忙斥责说："不要胡说，先生是个秀才，你才认几个字？就说这种话！"

岳飞忙说："母亲说得对。可是，先生只让我们照着书念，书上的字我全认得，念来念去又有什么用呢？如果我不去念书，那么母亲您就不用这么操劳了。"

母亲语重心长地说："只要你肯上进，再苦些娘也乐意。"

可是无论母亲如何劝，岳飞还是不乐意继续这种令人苦闷的私塾生活了。算起来，岳飞读书不到半年，而这也是他这一生所受的唯一一次正式教育。

岳飞见到头发斑白的老父亲每天早出晚归，干着繁重的农活，心里觉得很不好受，于是决定为父亲分担劳苦。

老父亲听了岳飞的话后笑着说："你说你下地，这也不会，那也不会，你能做些什么？"

岳飞想了想说："我可以锄草啊！"

从此，岳飞经常跟老父亲到田里去干活。

拜师学艺

时间过得飞快，几年之间，岳飞已经长得很高大结实了。在闲暇时候他总会想：一个人老死在这田地之中算什么呢？如果能够驰骋沙场，杀敌报国，那是多么威风的事情啊！

岳飞一闲下来就常常到村子附近的武馆去学武。可是，武馆里的那些武师们，没有什么真本领，只有一身蛮力，这对岳飞来说没什么真正的帮助。但是，岳飞很喜欢武艺，只要一有机会，他还是喜欢去跟那些人切磋切磋。

岳飞有一个远房堂弟叫岳亨。有一天岳亨对岳飞说，别的村有位武师叫周同，听说武艺高强，在村里开了一家武馆。

眼见有这么好的机会，岳飞当然不能放过了，他便和岳亨一起去找这个叫周同的武师。

岳飞见周师傅鹤发童颜、目光炯炯、面色红润、声如洪钟，觉得他是位高人，不由得起了敬仰之心。

周同看到岳飞，也觉得这位少年很有资质。他听说这两人要拜师学艺，心里也很欣喜，就想先试试他们到底怎么样。

周同问了一些简单的问题，这都难不倒他们。后来他又叫他们从兵器架上各取一张弓，想试试他们的臂力。岳亨只能拉得开八十斤的。岳飞一连拉了好几张弓，都觉得毫不费力。

周同觉得果然没看错人，这岳飞是个人才。他又笑着说："岳飞，你试试我的神臂宝雕弓。"说完，从屋里拿出一张黑漆漆的弓。岳飞一见，就看出这是一张难得的好弓。

周同郑重地对岳飞说："据我所知，这天下能拉得开神臂宝雕弓的人只有四个：我和宗泽元帅，再有就是我那两个被奸臣所害的徒弟。"想起往事，周同神色黯淡，不禁叹了口气。

岳飞很小心地接过，左手握弓，右手执弦，深吸几口气，运足臂力，这张弓也被拉开了。

周同忍不住喝彩一声，立刻收了他们当徒弟。从此以后，周同便把一身武艺全都教给了岳飞。

周同除传授岳飞武艺之外，还把一部书送给了他。他接过来一看，原来是《春秋》。他在回家路上歇脚时不停地翻阅，很是喜欢，从此每天都读得津津有味。

　　就这样又过了几年,岳飞十六岁了,此时他已经是个魁梧健壮的小伙子了。

　　一天,周同听说县里的李知县即将卸任,他们俩过去很熟,就带着岳飞一起去探望。相互问候之后,周同也向知县介绍了徒弟岳飞,并炫耀徒弟很不错。李知县说什么也不信,周同便让岳飞现场表演一下射箭。

　　三人到了演武厅,李知县叫手下把箭靶摆到离岳飞一百二十步的距离,周同阻止说:"一百二十步太近了,太近了,让他们摆到两百四十步吧。"

　　岳飞什么话也没说,走下台阶,扎稳脚步,挽弓搭箭,一下子连中靶心九支。李知县看得嘴巴都合不上了,禁不住大声叫好。

　　李知县看眼前这个人气度非凡,而且武艺高强,便有心将自己十八岁的女儿许配给他。

　　师徒二人告别了李知县,等回到岳飞的村子程岗村的时候,周同便把李知县的意思告诉了岳飞父母。岳飞父母很是欣喜,忙着张罗这桩婚事,不亦乐乎。

　　李知县的女儿在娘家是掌上明珠,为人却知书达理、善良体贴,嫁到岳家后也是毕恭毕敬、十分孝顺。第二年,岳飞妻子便生下一个男孩叫岳云。

转眼又是秋天，身体一向很好的周同突然得了风寒，到后来竟然只能躺在床上了。岳飞得知情况后，赶忙过来服侍师傅，寻医求药。周同也知道自己年纪大了，熬不过几天了，于是对岳飞说："我这当师傅的也没有什么可送给你的。这张弓是我一生的宝贝，就送给你了。"

又过了几天，周同病情更加严重，不久就去世了。周同也没有什么亲朋好友，于是，岳飞把他安葬后，每逢初一、十五，即使把自己的衣物当了，也要买些酒肉到他坟前祭奠。岳飞拿着师傅留给自己的神臂宝雕弓向空中连射三箭，然后把酒肉埋在坟头的旁边，满是哀伤的神情。父亲见到岳飞的这个举动，不知是什么意思，便问他原因。

岳飞说："我师傅把毕生的武艺都传授给了我。我以后有什么样的前途，都是师傅的功劳。我向空中射三箭，表示不敢忘记师傅曾经教过我的射箭之术。这酒肉本来就是给师傅享用的，我不能自己去食用。"

父亲被岳飞的话深深感动了，他说："你说得很好！你不忘记师恩，表示你不忘本。以后不管怎样，你都要记住今天的所作所为。以后忠君报国，也要坚守这个道理。"

岳飞也慷慨激昂地说:"如果父亲允许我以身报国,儿子我定当不会忘记父亲今天的教导!"

父亲说:"有这么胸怀大志的儿子,我岳和也可以不愧对岳家的先祖了!"

毅然从军

徽宗宣和四年(1122年),岳飞已经二十岁了。

由于朝政日益败坏,各地的起义军、贼盗势力四起。真定(今河北正定)宣抚使刘韐行文所辖州县,招募勇士。岳飞见这是一个很好的机会,便很想去应招,可是一想到父母的年岁已高,又不忍心丢下他们而去。父亲听到这个事情之后,说:"怕什么!我们会自己照顾自己!好男儿志在四方,不要因为父母就永远待在家里。只要对国家有益的,我不阻止。如今你已经二十岁了,是去外边闯一番事业的时候了。如果你能用自己的能力平息盗贼,让咱们百姓安居乐业,我死也瞑目了。"岳飞得到了父亲的鼓励,便决定与岳亨一起去真定从军。

临行前,岳飞对妻子李氏一番叮嘱:希望她多承担家中事务,多孝顺父母,并且嘱咐她多督促儿子勤奋学习。妻子都一一答应了。

岳飞拜别了父母,便和岳亨一起寻着真定府而来。刘宣抚使在这数百名壮士中一眼就注意到了岳飞,只见他身材魁梧、气质非凡,别人都对他产生一种敬畏心理。刘宣抚使想,这个人非同一般,将来必成大器,于是选他做小队长。

正在这时,刘宣抚使收到来自知相州(今河南安阳)的王靖的书信,说有一股以陶俊、贾进和为首的盗贼势力正在作乱,攻打剽县镇,请求刘宣抚使派兵支援。

岳飞知道后,便自告奋勇,愿只带一百骑兵前去救援。刘宣抚使表示怀疑:"只带一百骑兵去支援,会不会太少了?"

岳飞立刻分析了敌我情况:"这帮盗贼都是乌合之众,我们用一百骑兵直接攻其要害,或者用诱兵之计伏击他们。只要首领一灭,其部下一定会溃散。从古至今,以少胜多,不在多,在乎精。"

刘宣抚使对岳飞的见解深信不疑,但最后还是怕一百骑兵太冒险,就又增加了一百。

岳飞选了两百精壮士兵后,先让岳亨去打探盗贼所在的地方,再伺机行动。

岳亨打探回来禀报,果然如岳飞所说,这群盗贼虽然很多,但没有什么纪律性,只知道烧杀抢掠、喝酒闹事、相互斗殴,一盘散沙。

岳飞一听心里有了主意,他先让岳亨率领三十个人扮作游人、商客混入敌营,遇到盗贼也不要反抗,以作为内应。

岳亨等人依计前往,果然被一小队敌人的队伍抓回去了。

岳飞等岳亨他们走后,就带领其他人朝着贼巢进发,到太阳快落山的时候进入了山区。岳飞仔细打量了周边的地势,便留下一百人埋伏在树林里,让他们听到哨声再一齐杀出。

一切安排妥当了,岳飞就带领剩下的七十个骑兵,在天大亮的时候向贼巢逼近。

陶俊、贾进和两人听说有警报,披挂上马,出寨一看才几十个人,狂笑不止地骂道:"哪里来的不怕死的人,快点下马投降!"

岳飞二话没说,纵马挺枪就刺,陶俊、贾进和也骑马迎了过来。他们本来不是岳飞的对手,但岳飞为了一举歼灭他们,战了十几回合后就假装败下阵来。这两个人不肯放过岳飞,就紧跟在后面追赶。其他的盗贼也都跟着首领冲了过来。岳飞在前,两个盗贼首领在后,顺着山道追赶。等他们进到有岳飞布置伏兵的地方,岳飞一声长啸,两边伏兵一齐呐喊着杀了出来。此时这两个人才知道中了计,但是撤退已经来不及了,被岳飞、岳亨一一结果了性命。

盗贼首领一死,群龙无首,正在混乱中,岳飞便大喊:"想投降的就留下来,不想投降的就各自回乡去吧!"

众人齐丢了武器说:"我们都愿意归顺朝廷。"

岳飞整编了投降的士兵,又检点原来带来的两百骑兵,一个都没有折损。

岳飞以区区两百兵士,竟然剿灭了骚扰相州一带好几年的盗贼,他的威名不久就传遍了河北,可谓一战成名。

岳飞带着投降的士兵,提着两个盗贼首领的首级,前往相州州署。王靖得报,亲自相迎。

王靖本以为刘宣抚使一定会派一个久经沙场的老将来救援,可一见面竟然是位青年。如果不是亲眼所见,光听情报,他绝对不会相信。他十分欣赏这位年少英雄,特别备好筵席为岳飞贺功,又把战况飞报给刘宣抚使,并请准留下岳飞等在相州任用。

一天,岳飞正在操练兵马,忽然来了一封家信,说父亲因病逝世。岳飞立刻报告给王靖,要回去奔丧。

王靖正为了得到这个年少有为的英雄而高兴,怎知岳飞家中忽然出了大事,没办法,只好先让他回家。

岳飞拜别了王靖,一路哭着奔回了家。看到了鬓发斑白的老母,二人更是抱头痛哭。毕竟母亲年纪大了,岳飞和妻子李氏也再三安慰,便将老母亲搀扶进屋。岳飞见了父亲遗体,更是痛哭不止,几天几夜都没进食。

母亲知道这个情况后也很心疼,就过来安慰岳飞:"不要这样糟蹋自己的身体。要是有什么不测,你让你的老母亲和妻儿……现在国难当头,你应当将这份孝心化为忠心,去报效国家,你父亲知道后也会含笑九泉的。"

北宋灭亡

父亲过世后,岳飞在家守孝,每天和岳亨勤练武艺,还在空暇时间研读《春秋》和《孙子兵法》。

就在这时,宋朝国土的北边发生了翻天覆地的变化,曾经一度威胁着宋朝北方边境的辽国,已逐渐衰败,取而代之的是辽东的女真族。

早在徽宗政和五年(1115年),女真部的完颜阿骨打在黄龙府(今吉林农安)称帝,国号"大金"。蔡京听到这个消息,就想和金朝约定好一齐攻打辽国,还可以收复燕云各州。中书舍人(职事官,主管中书后省,掌草拟制敕)吴时等人却上疏说,不要轻易挑起边界战争,毁坏盟约这种事情对国家很不吉利。

徽宗看到上疏后,不知道如何处置,这时正巧有两位御医从高丽回来,也认为攻打辽国不妥。徽宗根据御医的言论,又结合了吴时等人的奏章,觉得以不攻打辽国为宜,就将联金伐辽的计议暂予搁置。怎奈蔡京、童贯二人坚持以前的决议,徽宗无奈,只好派右文殿修撰赵良嗣以买马为理由出使金朝,打算约定时间攻打辽国。双方协议同时出兵进击,金兵自平地松林(北起今内蒙古克什克腾旗东北,东至扎鲁特旗以西,南迄河北围场满族蒙古族自治县北。地势宽广,松林丛翳,故名)趋古北口,宋兵自白沟夹攻。

宣和四年(1122年),以童贯为两河宣抚司,蔡京的儿子蔡攸为副,统兵十五万,进攻辽国的燕京(今北京),却被辽兵打得大败;而金兵攻辽则势如破竹。自宣和二年起,金朝逐步吞并了辽国"五京道"中的三京道,即上京(治临潢府[今内蒙古巴林左旗东南波罗城],辖境约相当今内蒙古东部、蒙古国全境、俄罗斯西伯利亚南部)、中京(治所在中京大定府[在今内蒙古宁城],辖境约相当今内蒙古奈曼旗、克什克腾旗以南,辽宁医巫闾山、大凌河以西,河北滦河以东地区)、西京(治大同府[今山西大同],辖今河北张家口、山西大同,以及内蒙古乌加河、鄂尔多斯东胜区以东,多伦以西地区)。宣和七年,金朝又三路出兵攻打辽国,一举攻克辽国的燕京,辽国灭亡。

宣和五年(1123 年)六月,金朝平州(今河北卢龙)留守张谷叛离金朝投降宋朝。此时的金朝十分强盛,当然容不得张谷叛离,立刻派完颜宗望(完颜阿骨打次子)、完颜阇母(完颜阿骨打同父异母弟)等挥军攻打平州。张谷逃到了燕山府(今北京大兴),金人便向燕山府索要张谷。宣抚使王安中见金兵凶悍无比,非常害怕,就奏准绞杀了张谷,并将他的两个儿子一同送到完颜宗望营中。

八月,金朝皇帝完颜阿骨打在军帐中去世,享年五十六岁。完颜阿骨打有十三个儿子,他留下遗命由胞弟吴乞买继位。

完颜宗望自从攻陷了平州,便驻扎在城里。他得到消息称宋朝的童贯、郭药师正在燕山府合并军队,便火速奏请金朝皇帝,应及时举兵伐宋,否则先机一失,将后患无穷。

金朝的皇帝接到奏章,觉得十分有道理,但也不敢轻举妄动,因为他深信"知己知彼,百战百胜"的道理。于是命出使宋朝的使臣,要他们密查暗访,诸如道路关隘的地形、民心士气的盛衰、战备的虚实等,都要详细记录,或绘成地图。经过使臣的数次往返,金朝已经掌握了宋朝的各方面情况,朝中很多大臣也说可以攻打宋国,于是金朝皇帝决定南侵。

宣和七年(1125年)十月,金朝皇帝派大军由平州誓师出发,一路而南,逢州夺州,遇县占县,又得燕山府降将郭药师为向导,长驱南下,直逼黄河。

各地的警报如雪片般飞达京师汴京(今河南开封),徽宗开始着急了,他不得不下罪己诏,一边又诏令臣下起兵救援。然而,远水难救近火。虽然敌人还未过黄河,但是宋朝宫廷内外已是一片慌乱。徽宗做惯了太平皇帝,什么时候见过这样的景象呢?情急之下,就把皇位传给了太子,是为钦宗。冰冻三尺,非一日之寒。钦宗虽登大位,也无法起死回生。

钦宗靖康元年(1126年)正月,金兵已到达汴京附近,朝中大臣们大部分赞成议和，只有极少数人建议抗战。于是，钦宗被迫订立城下之盟：割地，纳款，尊金朝的皇帝为伯父，并派亲王、大臣为人质。金兵这才退去，同时带走了徽宗第五子肃王赵枢。

御史中丞吕好问曾经向钦宗进谏："金人此时正是得志之时，轻视中原地带，来年必定会再度侵略，我们应该积极备战，不要延误了战机。"钦宗不但不听，反而颁诏大赦天下，任用张邦昌、李邦彦为太宰，并且不听劝告轻易挑起边界事端，招致金兵第二次气势汹汹而来。

事端是如何挑起来的呢？原来，在金兵返回的过程中，宋朝的几个臣下赶往京师救援钦宗。有些大臣建议，既然金兵带走了肃王，那么朝廷就应当拘留金方来使萧仲恭、赵伦。这两个人都是辽国的降臣，他们怕回不去，就撒谎说投降金朝是迫不得已，现在如果能回到金朝就作为内应，设法除去金朝大帅粘罕（完颜宗翰，完颜阿骨打之侄）、完颜宗望等人，宋朝便可以高枕无忧了。这二人被释放了之后慌忙返回金朝，向金朝皇帝报告此事。金朝皇帝听后极为愤怒，决定第二次派兵南下，定当一举灭掉宋朝。

靖康元年（1126 年）十一月，康王赵构被金朝要求出使河北议和。康王从汴京出发,抵达磁州(今河北磁县)时,立刻被知州宗泽迎入州署。宗泽说:"肃王一去不回,难道大王也要重蹈覆辙吗?金人言而无信,今日割了咱们的三个镇,明天一定会又来要别的地方,欲壑难填呀。大王不如暂时驻在磁州,随机应变不是更好吗?"

康王本来也打算不往前走了,现在经过宗泽这么一劝,正中下怀,于是决定暂时留在磁州。不久,宗泽又接到相州知州汪伯彦的帛书,拥护康王去往相州。康王也觉得磁州离敌人太近,不如相州安全,就转去相州。

闰十一月,钦宗得到消息说康王被军民留在相州,就招募敢死之士秦仔等四人,密持蜡诏悄悄逃出了京师,赶往相州,拜康王为兵马大元帅,汪伯彦、宗泽为副元帅,火速率领河北的兵马去援救京师。秦仔到了相州,呈上密诏,康王仔细读完,很有感触,于是立刻在相州大举招募义兵。

闰十一月二十五日(1127 年 1 月 9 日),金朝出动两路大军又来到汴京城外。宋国的君臣根本想不出抵御的办法,只知道求和,但是几次都没有成功,最后只得写了一封投降信,由钦宗亲自到金朝的营地去投降。金军攻破汴京。

靖康二年(1127 年)四月,金朝大将粘罕等人,大肆勒索搜刮后,押解着徽钦二帝、皇子王孙、后妃宫嫔及赵氏宗亲等数千人,以及教坊乐工、技艺工匠,携带法驾、仪仗、冠服、礼器、天文仪器、皇家藏书、天下州府地图等,起程北去,汴京城中公私积蓄为之一空。北宋灭亡。

再度从军

宣和七年(1125年),岳飞三年丁忧期满。次年,他听到消息说金兵又大举入侵,已经进逼到了汴京,康王则在相州张贴榜文,招募义士。岳飞把准备投军的志向禀报了母亲。母亲很欣慰地说:"国事是最重要的。你本来就该这么做!"

于是,岳飞拜别了母亲,辞别夫人,与岳亨一起去先锋统制刘浩招兵的地方报名。刘浩了解到他正是擒杀巨寇陶俊、贾进和的岳飞,早就知道他智勇双全,就立刻带他晋见兵马大元帅康王。

康王见岳飞英姿焕发、相貌威猛,不禁暗暗喝彩。等问清他的来历,见他谈吐大方、温文尔雅,就留他当元帅府的护卫。

相州西北聚集了一群人,他们迫于生计,成立了一个庞大的起义军。为首的人叫吉倩,常使用一根狼牙棒,勇猛异常。朝廷眼见吉倩势力越来越大,决定派兵清剿。

康王把岳飞叫来问道:"我想让你去剿平吉倩,你愿意去吗?"

岳飞道:"我已经以身许国,当然是赴汤蹈火在所不辞!"

康王给了岳飞百名骑兵,让岳飞带领着队伍剿清吉倩的队伍。

快到吉倩的地盘时,岳飞对部下说,他想亲自去他们的大营说服吉倩投降,也免得一场杀戮。

于是,岳飞带了岳亨,又选了两名精壮兵士,共四人,一路疾驰,来到吉倩的营帐外边。

岳亨大声喊道:"里边的人听着,相州大元帅府的两位岳爷爷在此,快叫吉倩出来见我们!"

营里的士兵们从来不把官兵放在眼里,正在饮酒作乐,听到岳亨喊叫,就吩咐一名小头目说:"听他大呼小叫的,出去把他给宰了!"

那名小头目带了几个士兵出去,见了四人,话都没说一句,举起刀来就砍。岳亨用棍一挡,对方那把刀飞上半空,吓得转头就跑。岳飞叫住他说:"我不会伤害你的,你快去叫那吉倩出来见我。"

吉倩听小头目禀报说外面来人很是厉害，就亲自披挂，提着狼牙棒走出营外，后面跟着一些小兵。吉倩的队伍中有个人喊道："哪里来的狂徒？来找死吗！"

岳飞大声地说："我叫岳飞，现在在大元帅府担任护卫。"

吉倩打量着他说："你就是那个杀死陶俊、贾进和的岳飞吗？"

岳飞道："是我。我看你也并不是普通人，现在国家正是多灾多难时期，金兵进犯，你不但不杀敌求立功的机会，反而做起盗匪来了，这不是大丈夫应当做的啊！现在康王九殿下在相州开大元帅府，特意派我来招纳你们。这正是你们弃暗投明的好机会，请考虑一下吧！"

吉倩向来知道岳飞威武勇猛，又觉得他很真诚，就下马请他到营内喝酒。

岳飞也丝毫没有犹豫，很坦然地跟他们进去，和他们一起大吃大喝。

酒喝到正兴的时候，吉倩对岳飞说："其实我们也愿意投降朝廷，只是这些年一直骚扰附近的州县，如果受到招安，还是害怕被杀害。"

岳飞道:"我愿以性命担保,若有任何伤害您的地方,我情愿血溅五步!"

"你这话骗小孩子还行!"一个小头目拔出佩刀,朝岳飞砍去。

岳飞飞起一脚踢中那人的右腕,佩刀脱手飞到一边。岳飞再一脚正中那人的下颌,那人站立不住,仰面倒地。岳飞再一脚直接踏上那人的胸部。

吉倩见此情景,急忙拜倒在地,带领大家投降,投降人数共三百八十人。

康王十分赞赏岳飞,迁升他为承信郎。

受到宗泽的赏识

康王考虑到相州城池不牢固,就在钦宗靖康二年(1127年)正月十五带领汪伯彦、宗泽等人移驻到河北大名府。此时,金兵沿河屯扎,大约有数十营。宗泽命令手下的士兵行动。遇到金兵后,双方交战。宋军先后捣毁金兵的三十多个寨。

知信德府(治所在邢台)的梁扬祖带领三千人来与康王

会合,梁扬祖麾下有张浚、苗傅、杨沂中、田师中等人,个个勇猛无比。康王得到梁扬祖的补充,一时声名大噪。

宗泽建议康王应立刻率兵援救汴京。正好朝廷的使者拿着钦宗的诏书赶来,说现在还是议和为好,康王可以在附近屯兵,不要进京。

宗泽说:"这分明是金人的奸计,想要拖延咱们救援朝廷。请大王立刻带兵赶去澶渊(今河南濮阳)驻扎。万一敌人真有不利朝廷的举动,那时我大军就在城下了。"

汪伯彦却说:"诏书让我军暂时不要轻举妄动,怎么能违背呢!"

宗泽说:"将在外,君命有所不受。况且,怎么知道这道诏命不是受敌人胁迫所下的呢?"

康王听信了汪伯彦的话,叫副元帅宗泽先去澶渊,并命先锋统制刘浩改任副元帅辖下前军统制。

岳飞这时候还是隶属于刘浩的军队,跟着刘浩去救援京师,和金兵在滑州(今河南滑县)南面对峙。岳飞奋力斩杀敌军的猛将,敌兵感到很害怕;岳飞的骑兵在后面掩杀,金兵大败。此战斩金兵数百人,缴获数百匹马。岳飞升迁为秉义郎。

康王派走宗泽,便与汪伯彦等人渡过黄河到了东平(今山东东平），不久又去往济州（今山东济宁），只顾自己逍遥自在，对朝廷之难早已置诸脑后，不闻不问了。

宗泽奉命由大名直赶到澶渊，仍以刘浩军队为前锋，走到开德府（府治今河南濮阳）与一队金兵相遇。岳飞一马当先，首先射死两名掌骑兵，等金兵一乱便纵马持枪冲入敌阵，枪挑剑劈，杀死很多金兵。金兵见岳飞勇猛无比，便丢盔弃甲四处溃逃。

二月，宗泽又与敌人在曹州（今山东菏泽）发生遭遇战。岳飞率领小队士兵攻打敌人阵地，手执四刃铁筒的兵器，碰到的人非死即残。岳飞的士兵以一当百。金兵从没见过如此骁勇的部队，只得节节败退。

宗泽见岳飞每战必胜，勇冠三军，十分赏识，就召见他说："我发现你勇智才艺，即使古代的名将都比不过。每次与敌人相遇，你都一马当先，奋不顾身。你虽勇猛，但这并不是大将之道。"说着就从案台上取来一卷阵图，交给岳飞让他仔细品读。

岳飞翻阅了一遍，就放在一边。岳飞读书，一向只取其中的精华要旨，绝不寻章摘句，所以读书速度很快。不过，岳飞对阵图的理解很透彻。当宗泽召见岳飞谈论关于这个阵图的收获、感受时,岳飞侃侃而谈,鞭辟入里。从此,宗泽更加器重岳飞。

不久,京师发生突变。不但皇帝皇后、皇室宗族都被掳走,金人还想要立异姓取代宋朝——立张邦昌为皇帝。

汴京留守王时雍在秘书省召集百官,告诉他们金朝的企图。百官大部分都唯唯诺诺,唯独御史马伸激动地说:"我们怎么能坐视不管呢!"于是邀请御史吴给、御史中丞秦桧一起拟写议状,斥责张邦昌祸国殃民。秦桧本来不肯签上自己的名字,但由于马伸的坚持,而且自己又是御史中丞,不得已才勉强写了自己的名字。

这个议状到了金营,粘罕看到后大怒,马上派兵将领头的秦桧及其妻儿老小抓捕。

金营副帅兀术(完颜宗弼,完颜阿骨打第四子)的军师哈迷蚩见到秦桧,悄悄告诉兀术说:"这个人面白唇薄、两腮无肉、眸子不定,他的心术肯定不正,并不是忠于宋君的大臣,您可以设法善待他。"

兀术说:"我最讨厌这种不忠无节的人。为什么反要劝我善待他呢?"

哈迷蚩说:"只要给他点利益,就可以让他对我国效忠。

以后会有用处。"

兀术恍然大悟，就把秦桧一家养在自己的营中。

三月初八日，金人册立张邦昌为"楚帝"。张邦昌就换了皇帝的服装，朝着金朝拜跪。

金人有了自己的傀儡，目的已经达到了。虽然知道康王赵构在山东，但因南下时间长了，金人想早点回去，也没有时间顾及，所以在四月初就押了大宋君臣、宗亲踏上北归的路。

金朝皇帝吴乞买看重秦桧不附立异姓的高风亮节，便赐给弟弟挞懒为任用（执事），挞懒对秦桧也很是器重，并将秦桧当作亲信。

被贬为庶民

钦宗靖康二年（1127 年）四月，金兵北撤以后，张邦昌知道自己是沐猴而冠，并不能善终，所以没过几天就迎接哲宗的废后孟氏居住在延福宫，尊为元祐太后（元祐，哲宗的一个年号），让她垂帘听政，自己仍任太宰的职位。张邦昌自即位为楚帝以来，一共才三十三天。

四月十五日,元祐太后写信给康王,要他立刻来京师即位,张邦昌也带领百官赞同这次举动。

康王在济州逗留了很长时间,知道汴京发生了突变。正在踌躇不决的时候,接到吕好问书信说:"如果大王不即位,恐怕会有人篡位。还是以大局为重才好。"

宗泽力劝康王不要返回汴京就职,恐怕其中有诈:因为张邦昌久居汴京城,所以怕他勾结金人图谋斩草除根。如果贸然前往,那不是自投罗网吗?不如去往南京(今河南商丘)。南京是太祖的福地,交通也便利。康王觉得这个建议很好,就决议赶往南京。

五月,康王在南京即位,改元建炎,是为高宗,时年二十一岁,大赦天下。高宗命黄潜善为中书侍郎(职事官,有两人,一人为尚书右仆射兼任,代行中书令之职;另一人为中书省次官,主省务),汪伯彦同知枢密院事(枢密院,主要管理军事机密、边防等,与中书门下〔政事堂〕并称"二府",同为最高政务机关),吕好问为尚书右丞,张邦昌为太保、封同安郡王、加爵为太傅,王渊为都统制(在战时于将官中选拔一人,给以都统制名义,使节制兵马),韩世忠为左军统制,张浚为前军统制,刘光世为提举(原意为管理,宋代以后所设主管专门事务的职官即以"提举"命名,其官署称"司"),并命李纲为尚书右仆射兼中书侍郎(仆射,宰相之职)。

李纲拜见高宗,极力辞去相位。高宗说:"我知道你很忠义,希望你不要再推辞。"高宗与李纲长谈一番,李纲才没有辞去相位。

随后,高宗又揭示张邦昌的罪状,免除他的职位,贬为昭化军节度副使,安置在潭州(州治今湖南长沙,辖今长沙、株洲、湘潭、益阳等),不久又派人拿着诏书去到潭州勒令他自尽。对于那些承命议立异姓的人,诸如王时雍等,也都予以贬谪。

李纲建议高宗招兵买马,并奏请设置河北招抚司,由张所任招抚使;宗泽为汴京留守,知开封府。

宗泽接到诏命,立即起程赴任。虽然现在金人已经北撤,但在黄河上还有金兵留屯,而城内则更是兵民杂居,盗贼也趁机偷抢掠夺。天还没有黑,街上就已经是行人绝迹,家家闭户。偌大一座汴京城,到了夜里就跟死城一样。

宗泽到了汴京,首先修葺被金兵破坏的建筑,同时又下严令:凡是抢劫和偷盗的,不论抢盗财货多少,一律以军法处罚。从此,城内的盗贼逐渐销声匿迹,整个城市也逐渐恢复秩序。

不久,金人以出使伪楚为名,派人到了汴京,宗泽立即将金人拘捕,并报告朝廷,请求将他就地正法。但是,高宗却下诏驳回宗泽的请求,并下令将金人安置到驿馆,以礼相待。宗泽接到诏令,再次上疏说:"金朝现在派人以使伪楚为来汴京,其实是来探听虚实的。臣请求将他斩首,破坏敌人的奸计。但陛下却受到奸人的蛊惑,不但不准臣的请求,反而对金人优待有加,臣实在不敢听命。"这个上疏到了南京,高宗不听宗泽的劝告,坚持要求马上将金人放回。

岳飞听到朝中大臣在议论新建都城、不主张返回汴京的事,而李纲对朝廷出的策划措施大多消极自保,没有一件事是说收复中原的,不禁义愤填膺,就不顾自身的官卑职小,上疏朝廷,痛陈利害,严厉斥责主事的大臣,言辞中肯。

高宗看完岳飞的上疏,虽然对岳飞的一片忠义、热忱很感动,但是上疏中的"迎还二圣"让高宗很不舒服。

黄潜善最能察言观色,见高宗看奏章时脸色变得很难看,就乘机说:"岳飞是军中一个小小的武官,越职议论朝廷大政,这很不好。这种风气不能扩大,以免有人效尤。越职论政,扰乱朝廷体制,事情性质很严重,必须惩罚。"

高宗说:"那你是什么建议呢?"

黄潜善道:"把岳飞贬为庶民。"

这是岳飞从军以来第一次受到朝廷的打压。

岳母刺字

岳飞的本意是好的,他想让高宗兴复宋朝,重用忠义之人,不想却因越职言事被罢官,无奈之下只好回到汤阴故里侍奉母亲,但内心却始终有一份排解不开的报国情结。

一天,有一个年轻汉子背着包袱,风尘仆仆地前来拜访岳飞。那汉子低头便拜:"小弟久慕大名,特来相投,向您学些武艺。"

岳飞说:"这怎么使得呢! 兄弟你有这个兴趣,倒可互相切磋。请问尊姓大名?"

汉子说:"小弟叫黄佐,湖广人,曾学过两三手粗浅武艺。听说您是周同老师傅的得意弟子,而且曾经以两百名兵士擒杀贼寇陶俊、贾进和;又曾孤军深入敌营,降伏吉倩。江湖上对您的胆识勇气十分佩服。"

岳飞请黄佐进屋。黄佐把桌子摆在中间,解开黄布包袱,取出一个精致的木匣,里面装的是黄金珠玉。然后,黄佐从贴身处取出一个东西放在中央,说:"快来接旨!"

岳飞惊讶地说:"这旨是从哪里来的?你要说明白我才好接旨。"

黄佐道:"实不相瞒,小弟是奉了湖广天大圣钟大王的命前来的。只因朝廷不明,信任奸邪,才招致金兵入侵我大宋。眼下宣和、靖康二帝又被金朝掳去,国家无主。我天大圣听从天意,以恢复中原为己任,以安抚百姓为使命。在江湖上听说您的大名,命小弟前来礼聘,同扶江山,共享富贵。"(宣和、靖康二帝,指徽宗、高宗。宣和、靖康,分别是他们的一个年号。)

岳飞严肃地说:"这位壮士,亏你还在江湖走动,怎么能说朝廷无主?现在新皇已于五月在南京即位。这样的大事,你竟然不知道吗?"

黄佐也挺着胸脯说:"即便如此又怎样?天下人之天下,有德者居之。大宋气数已尽,我天大圣只是顺应天意而已。"

岳飞摆摆手说:"你不要再说了。我岳飞生是大宋的人,死是大宋的鬼,何况我还受过官,怎么能背弃国家呢?"

黄佐请岳飞三思,岳飞没有同意,黄佐只好拜辞离去。

岳飞转身进屋内见了母亲。母亲询问情况,岳飞就把经过简述了一遍。

母亲听罢,沉吟了一下,就说:"你到前厅摆下香案,准备香烛。"接着,母亲带了媳妇一同来到中堂,先点上蜡烛拈了香,拜过天地祖先,然后叫岳飞跪着,让媳妇磨墨。

岳飞跪下问:"母亲有什么吩咐?"

母亲说:"我是见你不受诱惑、甘守清贫,这正是娘所希望的。但是,我怕将来再有奸诈之徒前来引诱你,你要是一时失去理智,做出些不忠不义的事,岂不毁了一生?所以我才祷告天地祖先,要在你背上刺下'尽忠报国'四字。但愿你终生不渝做个忠臣,那么我也将会含笑于九泉之下。"

岳飞赶忙说:"圣人云:'身体发肤,受之父母,不敢毁伤。'母亲的训教,我一直记着。不必再刺字了。"

母亲说:"胡说。倘若日后一时把持不定,做出大逆不道的事来,被捉到官府去,被敲被打,你也能对官府说'身体发肤,受之父母,不敢毁伤'吗?"

岳飞忙赔笑说:"母亲教训得极是,那就给我刺字吧。"说完把上衣脱下,露出脊背。

母亲取过笔,先在岳飞脊背正中写了"尽忠报国"四个字,然后拿根绣花针在他背上一针针地刺。

看到岳飞的背脊突然一耸，母亲就停下来问道："很痛是吗？"

岳飞忙说："不要紧的。"

母亲咬紧牙关，在墨迹边缘一针一针地刺，刺完再涂上醋墨，便永远不会褪色了。

几经波折投身宗泽

岳飞在家待了两个月，虽说可以趁机侍奉老母，但每回想起君主被俘虏的耻辱，以及金兵在河北骚扰的情况，便不禁热血沸腾，忧心如焚。

一天，岳飞听人说，河北的招抚司已在大名设立，招募河北忠义人士，便把这事禀明母亲，想前去报名。母亲也很高兴，并勉励他应尽心国事，不必担忧家中。

于是，岳飞拜别母亲，并郑重嘱托夫人要孝敬母亲，教导儿女。正要起程，忽然看见儿子岳云从外面玩耍回来。祖母格外疼爱岳云，他不免有些娇纵。岳飞将岳云叫到跟前，切实叮咛他要听母亲的教导，孝顺祖母，爱护弟妹，更不要荒疏了功课武艺。岳云对父亲的叮嘱都点头答应。

岳飞晓行夜宿，来到大名，去招抚司投了牒文，说明来意。招抚使张所在名册中看到汤阴岳飞的姓名，就叫他到抚署来见。原来，张所虽然没见过岳飞，却早从宗泽口中听到了岳飞的智勇。宗泽十分赏识岳飞，曾对张所说："岳飞终非池中物，有朝一日其成就必在你我之上！"

张所前几天接到李纲的手书，说岳飞前不久上疏触犯了黄潜善等人，被削职为民，十分可惜，自己虽身为右相，却无能为力，因此要张所时刻留意岳飞。于是，他接见了岳飞。

张所从容问道："我听别人说，你每次与敌人交锋都是勇冠三军。你自己觉得到底能够打得过多少敌人呢？"

岳飞说："勇不足恃，勇而无谋，是匹夫之勇。用兵之要，在于先策定谋略，谋略是胜负的先机。为将者，不患无勇，但患无谋。今之用兵者，都喜欢夸耀自己勇冠三军，但如在未战之初无一定之谋划，已战之后自无必胜之把握。所以兵法才说，上兵伐谋，次兵伐交。"

张所本是读书人，听了岳飞的议论，不禁跃然而起，说："您确实不是普通人。"赶忙请岳飞坐下，共同商讨国家大事，二人惺惺相惜。

没几天，张招抚接到京师的消息，李纲因遭黄潜善、汪伯彦的陷害，被罢去相职，改任观文殿大学士，提举杭州洞霄宫。张招抚不禁与岳飞叹息不已。算起来，李纲担任丞相一职不过七十七天而已。人去政息，李纲在相位时制定的所有军政规划，现今全都废罢。这时金兵又开始虎视眈眈，有大举南侵之势，而中原各地也盗贼四起。朝廷根本没有能力去做什么，只想一再掩饰，毫无防御的策略，收复失地早就成为黄粱之梦了。

晚秋，金兵大举越过太行山，攻向新乡（今河南新乡），有围攻大名的趋势，张所命令都统王彦带兵前去迎敌，叫岳飞领兵一同前往。

岳飞当时是一个人来报名的，没有兵马，于是，张抚帅让他到教场去点选一千人。岳飞领命前往挑选，选来选去只选了六百名。张所又让岳飞到自己营中再去挑选，岳飞便又去选了两百名，加上前面选的一共八百名。

张所诧异地问道："难道一千人都挑不到吗？"

岳飞低头说："就这八百人吧！"

别小看了这支只有八百名的队伍，日后这八百勇士都做了岳飞背嵬军（亲随军）的骨干，也做了"常胜岳家军"的中坚力量。

随后，岳飞跟着都统王彦过河，与敌人在新乡相遇。王彦把军队驻扎在石门山下，远远望去，漫山遍野的金兵有数万之众，王彦军队将士都有些胆怯，只有岳飞坚决出战。岳飞认为，敌人虽然人数众多，却是势骄气散，如果用精兵突破，斩掉首领，夺下军旗，敌人的气势一定大减，战胜敌人易如反掌。

王彦听了之后还是不同意。岳飞见王都统及部将一个个的都很怯敌，就自己带领所选的那八百人直冲敌阵，夺取了敌军的大旗。王彦军队见到这种情况，也都敲战鼓声援。金兵纷纷后退。岳飞收复了新乡，擒获金兵千户阿里孛，击溃万户王索。

岳飞部队继续向北追击，第二天在侯兆川与敌人相遇。岳飞一骑当先，率领部队死战，杀了一天，虽然将敌人杀退，但是军中没有了粮草，就派人向王彦请求补给。王彦不给，岳飞军队只好杀马充饥。

岳飞带领着八百勇士，紧追在敌人背后，到了太行山麓又与金兵大战，生擒了敌将拓跋耶乌，俘获战马数十匹。

这时从京师传来消息称，朝廷已将河北招抚司罢免，张招抚也被派遣去管岭南了。岳飞只有叹息，慨叹苍天

044

不公。

恰好，金帅黑风大王率着三万部众杀到跟前，岳飞就把这一腔怒火全发泄到敌人身上。他持着丈八铁枪，冲着黑风大王飞奔而来。黑风大王见岳飞如天神下降般，早已经吓坏了，不过几个回合就被挑下马来，再一枪被结束了性命。敌兵见主帅一死，而岳飞和他的部队又势不可当，早吓得屁滚尿流，纷纷逃到了太行山里。

岳飞虽然消了怨气，但因河北招抚司被取消，又不被王彦所容，所以一时不知该去往何处。后来岳飞想起宗泽在汴京，就带领部队过河去拜见宗泽。

宗泽看到岳飞过来投奔，十分高兴，立刻授予他留守司统制的职位。宗泽当时已经快七十岁，而岳飞才二十多岁，这两人可真算得上是忘年交了。

宗泽去世，金军疯狂南侵

宗泽自打受命留守汴京以来，就开始聚集兵力，储存粮草，招揽叛降，结识燕赵的豪杰。他认为渡河收复失地已经指日可待了,便一再上疏请高宗回汴京。但是,这些上疏都被黄潜善、汪伯彦等发现后扣押不报,眼见得大好时机就这样从眼前溜过。

金人自张邦昌被废杀以后,又开始侵掠两河(指黄河以北山西、河北地区)。岳飞自从投奔宗泽之后,先后多次大败金兵,宗泽对岳飞一再慰勉有加。但是,宗泽却由于得不到朝廷的支持和信任,以致忧愤成疾,背上生了一个碗大的疽疮,十分痛苦。

建炎二年(1128年)七月,宗泽已经病得卧床不起了。岳飞在外听到消息,连夜赶回留守司看望宗泽。宗泽见了岳飞之后勉强起身,紧紧抓住他的手说:"鹏举(岳飞的字),你来得正好。我日夜担忧两河那些失去的土地,以及二帝在他朝所受的屈辱,以致抑郁成疾,生了这个病,现在已是病入膏肓。这恢复失土、迎还二圣的责任,就只有交给你了!"说完,宗泽老泪纵横。

岳飞安慰说:"这您尽管放宽心。您的教导,我都牢记在心,绝不敢忘却。"

宗泽宽慰地说了声"好",抓着岳飞的手渐渐松开,眼中神光渐渐涣散,口中只喃喃说:"'出师未捷身先死,长使英雄泪满襟。'"语声渐渐低弱。岳飞眼见这位忠君爱国的、对自己尤为眷顾的长官已近弥留，心中无限悲伤。宗泽忽然睁开了眼睛，茫然四顾，口中连连低呼："过河……"他的声音逐渐微弱，最终溘然长逝，享年七十岁。岳飞暗暗发誓，有生之年一定要完成宗泽的遗志，死而后已。

自去年金兵攻陷两河州郡，汤阴也未能幸免，这使岳飞日夜忧心，生怕老母受到滋扰。岳飞曾好几次派人秘密返乡，试图接出老母与家人，但因道路险阻，接运困难，加之老母旧病复发，难以启程。老母为了不让岳飞焦虑，也曾派人带来口信说家中一切安好，让他放心。但是，岳飞是个十分孝顺的人，一天不能接出老母，就一天不能心安。

多年来，岳飞曾多次与金兵交战，都是杀得敌人人仰马翻。一旦岳飞的乡籍被敌人获知，那么敌人肯定会泄愤于他的家人。每每想到这些，岳飞都会出一身冷汗。幸好，他最近派岳亨再次返乡，虽然还是无功而返，但是老母和妻儿都平平安安，这样他才稍稍放心下来。

警报频频传到南京，高宗决定巡幸扬州暂避敌锋，并且下诏说，如果再有人上疏蛊惑，定当杀无赦。

十二月，粘罕、兀术兵分两路，大举进犯。

建炎三年（1129年）正月初三，金兵攻陷徐州，又攻破楚州（今江苏淮安），顺势南下，侵占了天长（今安徽滁州），扬州也岌岌可危了。

高宗听到消息，慌忙奔赴瓜州（今江苏扬州南面），找到一只小船，渡过了长江，随行的只有护圣军士兵几个人，以及王渊、张浚等人，傍晚到了镇江府。

正月十三，高宗觉得镇江地方易攻难守，又向南跑到了杭州，并改杭州为"临安"，一边下罪己诏，一边罢黜了黄潜善、汪伯彦二人的相职。

三月初五日，高宗因为向南走得匆忙，原有的六军都统大多没让跟随着，这样就使扈从统制苗傅、刘正彦认为有机可乘，拥兵作乱。他们杀死了皇帝的宠臣王渊及内侍一百多人，又逼迫高宗让位给太子赵旉，由隆祐太后垂帘听政。

四月，韩世忠、张浚、吕颐浩、刘光世等同时领兵救主，讨伐苗傅、刘正彦。苗、刘败亡后，高宗才得以复位。

又过了一个月，高宗觉得杭州难以久留，便又向北去了江宁（今江苏南京）。不久，改江宁为"建康"。但是，由于兀术再度大举南侵，来势汹汹，高宗认为建康无法固守，便再次向南方奔逃，先到临安，再到越州（今浙江绍兴）。兀术则紧紧跟在后面。高宗急得对右相吕颐浩说："事情急迫了，这该怎么办呢？"

吕颐浩建议先乘船到海上躲避一阵子："北方人大部分以骑兵为主，不善于乘船，而且江浙地带气候炎热，他们必然不能待得时间太长，等到他们退去之后再回两浙也好。他出我入，他入我出，这也是兵家的奇谋啊！"高宗对此深信不疑，便向东前往明州（今浙江宁波）。

兀术攻陷建康，又向临安追击。当他们到达独松岭时，兀术见独松关上竟然没有人把守，就对部下说："宋朝真的是没有一个人懂得兵法。这个关隘即使只有几百个士兵驻守，我们也插翅难飞。莫非是气数已尽，赵构本该灭亡了？"

一路顺畅，到了临安，临安的守臣康允之还没开战便弃城逃走了，只有钱塘县令朱跸带领数百士兵在中途阻击。虽然寡不敌众，但由于朱跸和手下都个个奋勇，浴血苦战，无不以一当十，战斗到了最后一人。兀术措手不及，花费了不少力气，也损失了不少人马，才夺下了钱塘。兀术不禁叹道："没想到宋朝竟有这样不怕死的壮士！假使宋朝将士都是如此，我们也是难越雷池一步吧！"

此时高宗已逃到明州，金兵随后追到。高宗又乘楼船到了定海(今镇海),金兵也派出船只攻陷定海。楼船走到昌国(今定海),金朝的船只也如影随形般地追袭到昌国。楼船南下温州,金兵紧追了两百里,被提领海船的张公裕击退,金兵无功而返。楼船于建炎四年(1130年)正月二十一暂时停在温州港口,高宗君臣这才缓了一口气。

第二章

战功卓著

解汴京之围

在宗泽去世以后,汴京中的士绅曾联名保举宗泽的儿子宗颖继位,但朝廷却派了杜充过来。杜充虽然身居要职,却酷虐无谋、刚愎自用,还贪生怕死。岳飞尽管眷念前留守宗泽的知遇之恩,但还是对新长官小心谨慎,不敢有任何差池。

杜充接任之初,便把宗泽所建立的规章制度全部予以废除,致使那些已受宗泽招安的山贼强盗一个接一个地离开了,继续干以前的勾当。

建炎二年(1128年)八月初,金兵进袭汜水关,对汴京虎视眈眈。由于汜水关距汴京很近,如果它被敌人攻下,那么汴京便直接受到威胁。杜充急忙让岳飞前去迎战。

岳飞领命来到汜水关前线,只见一名金方骑将耀武扬威地来回奔驰。岳飞立刻跃上马背,弯弓发箭,正在奔驰的敌将应声栽下马来。金兵见此情景,开始胆怯,纷纷后退。岳飞带领部队奋力追击,杀死敌人无数。

后来,岳飞又奉命在竹芦渡(在今河南荥阳)与敌人相持。岳飞所带的军粮有限,又无处补给,必须速战速决。所以,岳飞挑选了三百名精锐士兵,隐藏在前面山下。岳飞让士兵将两束柴草交叉绑起来,到了半夜点燃四端,从远处望去,一个人成了四个人。敌人从梦中惊醒,认为宋军援兵到来,不战而逃。岳飞乘胜追击,大破敌军。这是岳飞六年来又一次以少胜多的奇迹。岳飞再次立下奇功,迁升为武功郎。

建炎三年(1129年)正月,寇贼王善、曹成、孔彦舟等人集众五十万人,进逼汴京的南薰门。

王善是濮州(今河南濮阳)人,生得勇猛,曾号召一些乡民起兵作乱。因为他势力庞大,州郡对他无可奈何。后来更多的人纷纷加入王善麾下,没过多久就达到了数万人,王善将其分为六军,各自委任头目统带。

当初宗泽派人以忠义之理说服他们,因为宗泽的威名远播,王善等人就接受了招安。宗泽去世后,杜充接任留守,他认为王善等人屯兵汴京东南,声势浩大,将来如果不听指挥,会难以制服,就乘其不备,派人突袭,因而招致这些人联手进攻汴京。

王善队伍有五十万人,喊声震野。杜充与留守司众将士看到王善队伍规模庞大,吓得面面相觑,不敢作声。这时,岳飞挺身而出,愿带领部队出城杀敌,其余将士个个噤若寒蝉,没人赞同。

杜充下了座位,轻拍岳飞肩膀说:"将军的神勇我早有耳闻。汴京的生死存亡,就在此一举了!"

岳飞慷慨领命,跟随他的仍然是那八百骑勇士。大部分将士都担心王善队伍势力庞大,恐怕难以抵抗。岳飞说:"王善队伍虽然势力庞大,但都是些乌合之众,各怀私心,只要攻破其中一个部队,挫了他们锐气,其他的就不足虑了。让你们看看我是怎么破敌的!"

岳飞的八百骑勇士虽然人数不多,却都接受了严格训练,不但枪法娴熟,而且都能弯弓左右射,箭无虚发。他们每次与敌人交战或遭遇敌人,都是每人先发数箭,在士气上压倒敌人;接近敌人后就近搏,远者枪挑,近者刀砍,战无不胜。

岳飞率先闯入敌阵,大喝一声:"岳飞来也!"岳飞曾经擒杀盗贼陶俊、贾进和,单骑降伏吉倩,他的神勇事迹早已脍炙人口,正所谓先声夺人。他进入敌阵,枪挑剑砍,犹如斩瓜切菜一般,敌人躲避都来不及,谁还敢迎战!岳飞后面的数百骑也以一当十，正像虎入羊群，枪挑处人仰马翻，刀砍处脑浆迸射。

王善眼看要压不住阵脚，就亲自提了厚背大砍刀前来迎战，正遇着岳飞，被岳飞连出数枪，打得他两臂酸麻，顿时汗流浃背。眼看敌不过了，王善回马便走，岳飞紧追在后，两人一前一后，在阵内往来竞逐，将王善阵营冲得七零八落。王善队伍眼看不行，就四处逃窜。王善得到几名亲随的掩护，落荒而逃，奔往陈州（今河南淮阳）。

汴京之围终于被解，而岳飞也因为战功卓著升为武经大夫。

杜充投降，建康沦陷

随后，杜充得到陈州的警报，说是王善率领残余部队围困陈州。杜充立刻传令岳飞，移兵会合都统制陈淬，围捕王善。此时，岳飞刚刚擒获了侵扰东明县（隶河北大名府）的杜叔五、孙海等盗匪，正在返回途中。岳飞接到命令，立刻加急赴援。

到了临近的地方，岳飞让岳亨以游击方式围堵盗匪抢掠的路径,虏获了大批战利品。盗匪一见是岳飞的旗号,早已胆战心惊,斗志全无,还没作战就已经土崩瓦解,岳飞擒获了孙胜、孙清等人。这场战役下来,岳飞又升武德大夫,真除(称代署权摄的官员实授本职为"真除")英州刺史。

建炎三年(1129 年)六月,兀术大举南侵,所过州县,下令禁止人民穿着汉人服装,改行金人风俗,男人一概照式髡发(剃头);不遵令办理者,杀无赦。

杜充见敌兵进境,便决定弃汴京,转进建康。岳飞恳切劝阻,认为中原土地一寸也不可轻易放弃,更何况社稷宗庙全在汴京,帝王陵寝全在河南,现在的一个决定,汴京不保,等以后想再收复,恐怕代价惨重。

但是,杜充去意已决,岳飞只有随他一起前往建康,然而内心却痛苦不堪,心想,现在一去,将来收复河北、迎还二圣的道路又加长了一段距离。

杜充擅离职守,高宗不但没有怪罪,反而迁升他为枢密副使。

后来,高宗向南逃到临安时,下令杜充兼任江淮宣抚使,留守建康,王璪为副。韩世忠为浙西制置使(地区军事长官),扼守镇江;刘光世为江东宣抚使,守太平池州(今安徽池州),

全由杜充节制。

十一月初,兀术率领大军,会同李成,经滁州(今安徽滁州)、和州(今安徽和县)进袭乌江县。

李成原是雄州(今河北雄县)归信县的弓箭手。他在河朔一带以骁勇著称,不少人慕名来归,渐渐也聚集了三五千人,他纪律严明,关爱士卒,与士卒同甘共苦,很受部下的爱戴,后来立了一些战功,当了归信县县令。雄州沦陷,李成带领数万人,扶老携幼,渡河东归,朝廷提拔他为忠州防御使。后来朝廷的一些人又担心他势力日渐扩大,难以约束,就让他调拨两千人到南京,一千人驻宿州,其余士兵就分批调换。李成立刻明白了朝廷决策的真正意义,因此到了宿州便带领原部队人马一起反了朝廷。朝廷知道消息后,立刻命刘光世前去平乱,大败李成,招降两万多人。李成奔逃,为求自保,就投靠了兀术。

乌江县紧靠长江,位于江苏与安徽交界。如果它有差池,建康便直接受到威胁。

尽管军情紧急,但建康留守杜充却没有御敌准备,每日都闭门不出;留守司将领屡次前去请示,他只是不答,众将也猜不透他是何居心,拿他没办法。

腊月十八,金兵由马家渡渡过了长江,直扑建康。杜充这才派都统制陈淬会合岳飞等十七人,领兵两万,前去应敌,另外派遣王善领兵两万,作为侧翼支应。

两军相遇,立刻展开了厮杀。战斗正酣,王燮竟率领着部队向南逃去,留下一道缺口,而兵力未及补充,金兵便由这道缺口绕到宋军背后。宋军腹背受敌,支持不住,纷纷溃散。

此时,只有岳飞还在指挥岳亨、王贵、徐庆等与金兵做殊死决斗。其他部队已经溃散,阵脚已乱,而且天色已晚,于是全军退至城外钟山暂时驻扎。由于辎重财物等都被别的部队带走,士兵困乏,将士们都露出叛意。

第二天还没有破晓,戚方首先逃走。岳飞洒血激励部队说:“我辈身受国恩,自当以忠义报国。为国立功,名垂竹帛,死而不朽。如果只求偷生苟活,或降虏,或为盗,必至身败名裂,成为千古罪人,上无以对祖宗,下无以对后代,实为智者所不取!建康据江左形胜要地,一旦陷入敌手,立国屏障尽失。今日之事,有死无二!凡敢出此门者,杀无赦!”

岳飞言辞慷慨,部队深受感动,不敢再有异心。岳飞又号召其他部队将士,共赴国难,团结御敌。傅庆、刘经等都以所部相从。

杜充似乎早就有投降的打算，所以一等到金兵到来，便带着全家老小、库府金银等投降了兀术。于是，建康沦陷。

在广德、溧阳大胜金兵

岳飞深知独木难支，加一起也不过两千人，而且粮草缺乏，于是决意向南方转进。岳飞预料金兵必然袭击临安，广德（今安徽广德）为其必经之地，就率领王贵等将士，打算在广德阻击金兵。

果然，金兵浩浩荡荡杀奔广德而来。岳飞整顿军队，自己挺枪驰马迎头痛击。傅庆、刘经各率军队由敌人左右侧进攻。金兵一路无阻，势如破竹般杀来，难免有了骄气，不把宋兵当回事。谁也没想到岳飞这八百勇士，如生龙活虎般地左突右冲，挡者必死，近者必亡；而傅庆、刘经两军，又恰似两把大剪刀，把敌人队伍割成数段。一战下来，杀死敌人一千多人，俘虏金军首领四十多人。

岳飞在这四十多人中选取几个可以利用的，在夜间把他们带进帐来,并赐座。这些人原以为被俘只有一死,谁也没想到岳飞不但没有加害,反而和颜悦色相待,但心中仍不免忐忑不安。

岳飞说:"我不杀你们,你们不要害怕。你们本来都是北方人,必有妻儿老小在家,如今却来江南厮杀,为了什么呢?如果被杀,岂不冤枉! 留下妻儿老小,谁去照看?"看到这些人都有些触动,岳飞接着又说:"只要你们不再继续南进,便可安全回家看望家人,怎么样? 你们可以自己选择。"

众人一齐说:"如果能返回家乡,我们愿赴汤蹈火,全听您指挥吩咐!"

岳飞又说:"我不会为难你们的,你们回营地,只要把随军辎重、财物等趁夜放火烧掉。没有了辎重、财物,兀术必定退回,你们不就可以回去了吗?"

众人也都说必照吩咐去做。岳飞叫人秘密将他们放回。当夜,果然见金兵营内火起,岳飞率众乘乱杀进去;金兵仓皇败退,死伤无数。

岳飞率领所部驻扎钟村,扼住金兵出路,金兵则驻扎在相距十里的涟村。岳飞独军前进,而朝廷这时正在海上逃亡,所以部队缺少补给。不过,由于岳飞纪律甚严,士兵宁可忍饥受寒，也没人敢轻取村民一草一木，即使受到善意招待，也不敢接受。他们有句口号是："冻杀不拆屋，饿死不打虏！"

岳飞经常谆谆告诫将士，军人任务为保民，对人民不得利用任何借口进行骚扰。将士也都能谨遵命令，不敢丝毫触犯。将士们夜间在民户门外歇宿，即使天降雨雪，居民开门邀请入内，也无人敢进屋，而且夜间不得大声喧哗。因此，居民经常不知道有军队经过。与老百姓交易，更不得压低价钱。曾经有一个士兵向村民买柴，村民为表示对岳家军的敬意，自愿少收二文钱。这个士兵说："好意心领。我却不愿以二文钱换我首级！"类此事例，不胜枚举。

当岳飞部队驻扎钟村时，村民互相提醒说："这是岳爷爷的军队！"崇敬之情溢于言表。

岳飞在广德大胜金兵，忽然有情报说，金兵入侵北境溧阳。岳飞即刻命令部将刘经率领一千轻骑疾驰前去救援。刘经夜半抵达城外，金兵竟然不知道有兵来援，个个睡得正酣，被刘经杀了个措手不及。此战共杀获五百余人，一举收复了溧阳。

宜兴百姓画岳飞像加以供奉

建炎四年(1130年)正月间,金兵入侵常州,常州知府周杞得知岳飞正屯驻广德,立刻派遣属吏赵九龄兼程前往,请求岳飞北上救援。

常州濒临运河,是往来漕运的必经重镇,如果能坚守,便可控制住运河水陆交通,还可截击金兵归路,等到金兵北返便可杀他个片甲不留。岳飞正积极筹划进军迎击,可惜常州在赵九龄抵达广德前便已被攻陷。

江南此时正一片混乱,由于兀术入侵临安,高宗带领臣下在海上避难,导致朝政无人,州郡各自为政,盗匪猖獗,侵州掠县,百姓没有安静的日子。

宜兴临近太湖,是有名的鱼米之乡,物产丰富,百姓富足,最近也遭受巨盗郭吉部众的劫掠骚扰,他们公然与官兵为敌,官兵拿他们没有办法。匪势日益扩大,百姓备感艰难。

宜兴知县钱谌认为,只有请岳飞来救援,才能使盗匪销声匿迹。广德、溧阳大捷已使岳飞威名远播,无人不知。于是,钱谌联合城内大户，请求岳飞来宜兴屯扎，还说城内囤粮足够驻军万人用十年的时间。岳飞欣然同意了。

郭吉听说岳飞要移驻宜兴，知道自己敌不过他，三十六计走为上策，便把劫掠所得装载大小船舶一百余艘，连夜朝太湖方向逃走了。

岳飞让王贵、傅庆各率两千人星夜兼程追剿，不到半天时间，除捕杀贼头郭吉外，还将他们装载所掠财物的船只一起俘获了。宜兴官兵、百姓无不感激万分，将岳飞当作神人。

岳飞为了剿平郭吉余党，派能言善辩的马皋、林聚进入贼匪巢穴去招降，晓之以是非，谕之以利害。但是，一个叫张威武的拒不投降，他挺身高呼道："兵来将挡，水来土掩。我没听说过还没打仗就先投降的。我就不信岳飞会有三头六臂，我倒要会他一会！"

岳飞听到消息，立刻一人前往贼巢，下马大声说："岳飞在此，哪个不服，出来答话！"

张威武提刀而出，说："张威武不服！"话犹未完，举刀便砍。

岳飞滑步一闪，让过刀锋，飞起右脚踢向张威武的手腕，将刀踢落；又用左脚旋踢他的膝弯，他立脚不稳，只能倒下；

再以右脚尖对准他的太阳穴踢个正着,他顿时一命呜呼。这三脚连环踢出,只是呼吸间那么个空当,就把一个身强力壮、自号威武的人结果了性命。全营看得目瞪口呆,一齐跪倒,说:"我们愿意投降!"

自此,宜兴一带盗匪销声匿迹,而潜匿太湖的水贼也纷纷逃往外地。常州的吏民放弃产业而移来宜兴居住的,多达万户。

宜兴百姓为了感戴岳飞保境护民,除建立生祠供奉外,还家家绘了画像供奉。

与家人团聚

岳飞征战数年,现在居住在宜兴,总算换得一些清闲日子。但是,他时刻思念母亲,前后已派人去乡里十七次,却总是无法将母亲接出来,每想到这里,就内心悲痛不已。

一天,岳飞将岳亨找来,说明心意。岳亨说:"请你放心,这一次我死也要把伯母接来!"

岳亨走后,岳飞苦苦等待,坐卧不宁。到了二月份,岳亨终于排除万难,把岳飞一家接来了。

张完是宜兴大户,家中房屋宽敞。听说岳飞母亲、媳妇、儿女自乡里赶过来,也替岳飞高兴,立刻命家人打扫了一处别院,让他们当作居处。岳飞很感谢他的好意,但还是声明必须按时交房租。

张完哪里肯依,说:"您为我们宜兴出生入死,已经成为这个地方的神圣之人,难道就不容我表示些心意吗?"

岳飞强调这是私事,占取民宅,应视军法处置。

张完也说:"这确实并非公事,是我对您的盛情,请不要拒人于千里之外。"

岳飞不好意思再拒绝,只有答应了。

这个消息不胫而走,传遍了整个宜兴城,家家燃放鞭炮为岳飞庆祝。

岳母觉得很欣慰。虽然她曾经问过岳亨有关岳飞几年来的一切,但是她关心的不是官职爵禄,而是岳飞是否真正尽心国事,真正保境卫民。岳飞博得宜兴民众如此衷心爱戴,证实儿子果然没有辜负她的教诲。

自打把母亲接到宜兴,岳飞就一直陪在母亲身边寸步不离,家中氛围其乐融融。

岳母说："你也该去看看你妻子了。这些年来真难为她了。"

岳飞满口答应，但是一步不肯离开。母亲知道自己儿子的性格，自己不休息，他便不肯离开，便又说："我也累了，想休息一下。"说完，就靠在枕头上闭起眼睛。岳飞不敢再打扰，轻轻为母亲拉上被子，才悄悄离去

李氏夫人见了丈夫，忙站了起来。

岳飞低声说："这些年来多谢你替我侍奉母亲，辛苦你了。"

李氏夫人低下头说："这是我作为媳妇应该做的事。"

岳飞的小儿子岳雷已经四岁了，他不喜欢武艺，却喜欢读书，李氏夫人已教他读完《千字文》，他能倒背如流了。

大儿子岳云有十二岁了，虽然还是那么清瘦，但喜欢舞枪弄棒，而且力气很大，三五个壮汉都拿他没办法。

过了两天，岳飞带岳云到教场，想试试他的武艺，是否能拉得开硬弓。在百般兵器中，岳云偏好双锤，他觉得刀枪只能从正面与敌人作战，而双锤则可同时迎战两面敌人。这种说法当然还是显得幼稚，岳飞不想败了他的兴致，就让他自己到兵器架上选择。岳云试了几柄锤，都嫌太轻了。最后在兵器

库内选了两柄铁锤，共重八十斤，舞动起来，才觉得顺手。

很多比岳云年长的壮士，双手握一柄锤才能勉强舞动，一个看似赢弱的少年竟能一手一锤，运用自如，真是让人惊奇，一时营中上下都把他叫作"赢官人"。

有一天，营中来了一位壮士，姓张名宪，阆州（今四川阆中）人，父亲在军中任职，从童贯伐辽，在范村战死，距离现在已有七年时间，他也是一身好本事。他很崇敬岳飞，特意赶来投奔。

岳飞一见张宪，发现他有异于常人的气质，两人谈论很久，见解不谋而合。张宪也能拉开三百斤硬弓，各种武艺无不娴熟。母亲从乡里能够过来团聚，是岳飞人生中一大喜事，如今又来了一位豪杰之士，这更是喜上加喜。

四月，金人又来侵犯常州。岳飞带着张宪赶往战场，在运河左岸迎上金兵。岳飞与张宪，两个人两杆枪，宛如猛虎下山，金兵非死即伤，逼落金兵在运河被淹死的不计其数。俘虏女真万户少主孛堇（女真部落首领称号。金建国前后称小部族首领为孛堇，即乡长、邑长之意，掌理本部军民，为世袭官职；1115年金建国后，转化为军事组织官员或荣誉爵位；金熙宗［1135—1149年在位］时废）、汉儿（我国古代少数民族对汉族人的称呼）李谓等十一人。岳飞率众将一直追击金兵到镇江以东十里之处,将余党全部歼灭。

这时,高宗已经回到越州,暂时以州衙作为天子之地。岳飞被召往越州,他把广德、溧阳、常州的捷报向高宗禀报。高宗下诏说,现在可以看时机去收复建康了。

韩世忠赢得长江大战

兀术挥师南下,目的就是要活捉宋高宗,彻底摧毁大宋王朝,只是没有追捕到,最终还是无功而还,又回到临安。

兀术又得到情报说,宋朝大将韩世忠率领部队由江阴移驻镇江。

金朝的军师哈迷蚩判断,韩世忠移驻镇江,目的是要阻击金兵的后方,于是建议兀术说:“我军滞留在江南,浪费了太多时间,士兵很多都有了归乡之心。现在韩世忠移兵镇江,明显想断了我军的后路。不如趁他部署未稳,挥军北归,免得受到他的牵制。”

兀术为了泄愤,下令放火屠城,一座临安城顿时成了火海,老百姓没人敢去救火,怕碰上金兵成为刀下之鬼。

兀术这次行动,因掳掠了不少辎重财物,就改变了路线,从运河岸旁自秀州去往平江,转到常州,水陆并进向镇江出发。

兀术抵达江岸,远远望见江北一带,布满了战船。六桨小游船在江中巡弋,往来如飞。中军水军都是海鳅战舰,上面的桅樯高达一二十丈,密布如林,两边金鼓旗号,中间插着大旗,绣着一个"韩"字。

兀术见此场景,十分焦虑,心想,我方所有船舰不过百艘,与对岸相比真是小巫见大巫,这怎能过得去呢? 兀术觉得不能硬闯,只好派使者到韩世忠大营去约定战期。韩世忠立刻回信:"明日决战。"

兀术为了刺探江北的情况,当夜就潜往金山龙王庙,探探韩世忠的虚实。

韩世忠批了战期,又对夫人梁红玉说:"兀术也是金朝的名将,我料他今晚一定来刺探我军的虚实。这里有个金山,山上有座龙王庙,地势最高,他如果窥探,就必定去金山龙王庙。我派人在庙内埋伏,如果他来了,就把他擒获,不怕金兵不败。"梁夫人也高兴地说:"这个计谋不错!"

于是，韩世忠就命偏将苏德，带领两百名勇士，在黄昏以后悄声上山，一百名埋伏在岸侧，一百名埋伏在庙内，听到江中鼓响，就一齐冲出，见敌就擒，不得有误。

傍晚时候，韩世忠亲自登上船楼，身旁架着一面鼓。不久，果然看到五个人骑着马匆忙上山，就用力敲鼓。庙内伏兵首先冲了出来，兀术受惊，立即调转马头向山下狂奔，岸侧的伏兵晚了一步，没来得及拦截，只好与庙中的伏兵会合追击。最后仅仅捕获落后的两个人，其余三个人早已消失得无影无踪了。

韩世忠得到消息之后，不禁觉得可惜。

梁夫人说："既然已经逃走，也不要再叹息了。我还有一个计谋，明日交战，中军归我管领，专门用来防御。到时候，我只用炮弩连发，而不与他交战。你就率着前后两队，四面截杀。另外，在中营大桅上搭起鼓楼，我就上去挥旗击鼓，以旗鼓为号，你可以看旗的方向，听鼓声进军。这样或许可以一举扫荡敌兵。"

韩世忠称赞道："夫人的计谋果然不错！"当晚便按照计划安排妥当。

第二天天明，兀术对哈迷蚩说："韩世忠守住江面，不放我们过江，又别无出路，这可怎么办？"

哈迷蚩说："今日之战，我军要速战速决，不能持久，唯一可行的办法，就是集中精锐，攻他中军；另外拨两队，左右迎击其援军，或许可以一击冲破重围。"

兀术说："也只有这么办了。"

于是，兀术精选坚固快船与骁勇士兵，亲自率领，一声炮响，一齐擂鼓呐喊，向着梁夫人所管领的中军冲去。然而，宋营中却没有动静。

兀术正在惊疑当中，忽听一声响，万道强弩宛似流星般倾射了过来，又有轰天大炮接连轰击，在炮弹的落脚处，不是人死就是船破。兀术慌忙下令掉转船头，向东逃去。

又听一声大震，一队水师突然出现，为首站着一员大将，正是韩世忠。兀术忙又转船向西，到了西边，偏偏又是韩世忠挡住去路。

兀术正惊魂未定，就看到一个大将奔向船头，要与韩世忠交战，此人正是兀术的女婿龙虎大王。还没来得及阻止，那边却伸出数十支长矛、挠钩，将龙虎大王连刺带钩拖下了水。

兀术赶紧让水兵捞救，这边尚未下水，那边却已跳下数名壮汉，把龙虎大王擒去。兀术气得要冒出火来，就亲自督师突围,这时韩世忠部队的长矛硬弩又袭过来,兀术的士兵纷纷落水。兀术没有办法,只有挥军撤退。

韩世忠追杀了一阵,听到鼓声停止,方才收军。

这边兀术无计可施,就修书一封,派个小头目前去求和,情愿归还所有掳掠之物,只求放他一条生路。韩世忠没有答应。

兀术见韩世忠毫无通融的余地,只有自镇江逆流而上。韩世忠也忙指挥战船傍着长江北岸,与南岸的金兵隔望江相对,一点儿也不放松,就是夜间也都灯火相映。

兀术见江边有一小港口,便叫船只驶入,或许可以靠岸从陆地上逃生。哪知道这是一座死港叫黄天荡,岸高崖险,无路可通。金兵不禁齐声叫起苦来。

韩世忠见兀术率船进入黄天荡,欢喜万分,这样只要把住江口,不让他们出来,等到他们粮尽援绝,就能瓮中捉鳖。于是,韩世忠就让部将用巨船大舶把住黄天荡的进口,严密封锁。

兀术数次突围,总是出不了江口,无奈之下只能退回港里,心中十分愁闷,对哈迷蚩说:“我军屡战屡败,现在进入死港,而粮草又快耗尽,这不是坐以待毙吗!”

哈迷蚩说："只有悬出重赏,或许有能人也说不定。"

于是,兀术便发了个榜文,只要有人能够能带他逃出这个港口,赏赐千金。

过了两天,果然有一个人前来献策："从这边往北十多里有老鹳河的旧道,时间长了淤塞了,所以这个地方才不通的。只要掘开泥沙,引进秦淮河水,就可直达建康大路。"

兀术大喜,便下令士兵一齐动手挖掘。兵士哪个不想逃命? 于是人人奋勇,个个争先,没用一夜的时间,就挖通了一条长三十多里的河道。兀术命令顺河道把船驶到岸边,然后丢弃了船只,上岸朝着建康逃走了。

牛头山大捷,收复建康

岳飞从常州追逐金兵接近镇江,这个地方属于韩世忠的防区,他于是班师回营,打算坚守常州等待敌人,这时高宗下了诏令,让他收复建康。于是,岳飞率领张宪及三百精骑作为前队,步兵两千分由王贵、徐庆带领,抄小路向建康而去。

三百骑兵抵达清水亭,与驻屯的敌兵相遇。金兵见只有数百骑兵,根本没有放在眼里,而且他们是一路南下,逢州夺州,逢县取县,很少遇到抵抗,就想也不想迎击过来,想以气势把宋军吓退。

岳飞把枪一挥,三百张弓齐发连射,像是一阵狂风暴雨,先头的金兵纷纷中箭倒地。敌军的势力刚受到阻击,岳飞便与张宪领先杀入,两杆枪仿佛长了眼睛,专刺敌兵要害。金兵无心恋战,只求逃命,只恨爹娘少生两条腿。从清水亭西去十数里,沿途尽是金兵尸首。

将近建康,迎面一座山阻住去路,此山称作"牛头山"。

岳飞叫骑兵留在山脚,自己与张宪前去查看。坡路陡峭,两峰中间有一台地,俯视山下,一览无余。岳飞回头问张宪对此地有何意见。

张宪说:"这山虽险峻陡峭,这个台地却可以扎营,还可以望见建康城,并可以控制住入城的通路。如果有敌兵经过,必然不会怀疑会有骑兵冲下来,而我军都久习注坡之术(骑兵重铠,自山坡急驰而下之术),可以给敌人来个措手不及。"

岳飞点头说:"这话说得很对,就先在此地扎营。建康敌人必有重兵据守,不可轻率躁进,待打探虚实之后再作商议。"

安营扎寨之后,忽有情报说韩世忠已将兀术困在黄天荡,岳飞不禁拍手叫好。还没过半天，又有急报说兀术掘通老鹳河脱困而出，现正向建康而来。

岳飞叫王贵带领五十名步兵，换了黑衣，等兀术扎营之后，趁着月黑，混进敌营骚扰，使敌人自相残杀，降低他们的士气。

金兵自从老鹳河脱困之后，又急忙赶往建康，已走得人困马乏。兀术害怕城内有宋军驻守，而且天色已晚，就下令在牛头山下扎营。半夜，忽然营内有人叫嚷，说韩世忠的兵追过来了，营内慌乱异常，不辨敌友自相攻击，死伤无数。

后来才知道中了岳飞的扰乱之计，兀术就派士兵在营外加紧巡逻。

岳飞再命徐庆率步兵两百潜伏在敌营四周，等到巡逻兵走近，迅速将他们擒获，让他们不能出声。

就这样，一夜之间，金兵人人恐惧、个个惊慌，风声鹤唳，草木皆兵。

好不容易等到天明，兀术下令立刻拔营出发。到了龙湾，却不防岳飞突然率领三百骑兵从山上冲下来，虽然山坡陡峭，却没有一个骑兵跌倒。人喊马嘶，势同风雷，气势十分惊人，把兀术数万人马冲得七零八落。而王贵与徐庆也带着两千步兵四面阻击堵杀。

兀术大军只有且战且走，向原路败退。

岳飞见金兵去得远了，才鸣金收兵。检点战果，杀死金兵三千多人，投降的士兵有一千多人，俘虏万户、千户二十多人，铠杖旗鼓、牛驴辎重不计其数。

岳飞立刻率军进入建康，城内敌军均已逃走，所以不费吹灰之力，就收复了这座江上重镇。

兀术见追兵已经退了，检点士兵，减少了三五成，忍不住悲叹地说："我自从领兵进入中原，从未受到如此挫折，但不知这些人马是哪一家的？"

哈迷蚩说："难道是岳飞？听人说起过岳飞的形貌，正是如此。"

兀术也说："一定是他！别人不会这么厉害。以前在新乡和太行山，我们被他打败过。"

兀术只好从长计议，打算从原路返回。金兵从老鹳河搭乘以前弃掉的舰船，回到黄天荡。没想到到了荡口，外面仍旧一字摆着战舰，桅杆上悬着"韩"字旗帜。兀术不禁叫起苦来，哈迷蚩也乱了方寸，不知如何是好。最后，还是决定引兵渡河，破釜沉舟。兀术命令士兵各自在船上休息，明天凌晨冲破防守渡江。

第二天黎明,金兵饱餐一顿,鼓噪而出,果然把荡口守军冲开一道缺口,便向江北驶去。驶了一程,将近江心,船只忽然自己打转起来,一艘一艘沉没了。

原来,韩世忠见兀术去而复返,料知他此次必然要拼死争道,就趁着夜间,预备了铁手,贯着铁钩,等敌舰冲出,就用铁钩搭住,用力牵动,敌船就倾覆了。

兀术见舰船忽然沉了不少,急忙命令后船退回,总算保存了数十艘,只好请韩世忠答话,哀求放他一条生路,今后誓不再犯境侵扰。韩世忠答道:"还我两帝,恢复我国土,我就放你一条生路。"兀术自知无法答应,黯然转航退回。

此时恰有金将孛堇太一率兵屯驻江北,可以作为兀术的援军。兀术便悬赏征求破敌之策。果然来了一位王姓的福建人,献计称,船中载着泥土,土面铺上木板,再从船板上凿洞,作划桨用。韩世忠的艨艟大舰全靠风力,无风不动,那时候再用火箭攻他的帆篷,自然不攻自破了。

兀术大喜,依计而行。韩世忠恰未提防他会利用自己战舰的缺点。

兀术在绝望中打了胜仗,安然渡过了长江,准备到建康歇兵。人马到了静安镇,忽见远远有旗帜飘扬,中间一个"岳"字。兀术大吃一惊,赶忙命令退军。军队还没退尽,忽见岳飞率着骑兵杀来。吓得兀术顾不了别人,只管骑马飞奔,逃过宣化镇,向六合县跑了。到了六合,他收拾残兵,又丧失了许多人马及大半辎重,当下顿足叹道:"前几天遇见岳飞,被他杀败,今天不想又狭路相逢,难道建康已失守不成?"

不久,兀术果然得到情报,说建康已被岳飞夺去了。

秦桧从金朝回国

岳飞收复建康后立即申报朝廷,认为建康是国家形势要害之地,应该选精兵固守。高宗十分欣喜,并重奖了岳飞。

岳飞由建康回到宜兴的张宪家。如今收复了建康,又有朝廷的嘉奖赏赐,岳飞就张家的厅壁上写下一篇感怀:

> 近中原板荡,金人长驱,如入无人之境,将帅无能,不及长城之壮。余发愤河朔,起自相台,总发从军,大小二百余战,虽不及远涉遐荒,亦足快国事之万一。
>
> 今又提一垒孤军,振起宜兴;建康之城,一举而复。

今且休兵养卒以待,如或朝廷见念,赐予器甲,使之完备,
颁降功赏,使人蒙恩,即当深入边庭,迎二圣后还京师,取
故地再上版籍。他时过此,勒功金石,岂不快哉!

此心一发,天地知之,知我者知之。

建炎四年六月望日,河朔岳飞书

这一篇感怀,写出了岳飞平生抱负,而且终生不渝。

建炎四年(1130年)七月,删定官邵缉上书朝廷,表奏岳
飞功绩,请求提升他为重将。高宗在南京即位之初就认识了
岳飞,现在还留有深刻的印象,见到书奏便有意提拔。恰巧宰
相范宗尹跟着张浚来京议事,盛赞岳飞可以重用,也加以推
荐。于是,高宗升岳飞为武功大夫吕州防御使(唐朝以后,在
大郡要害之地设防御使,用来治理军事,由刺史兼充;到了宋
朝成了虚衔)、通泰州镇抚使(宋朝南渡后,各镇设镇抚使,用
来招收境内盗匪),兼知泰州。

岳飞虽被朝廷破格提拔,却上书辞谢镇抚使的任命。他
的抱负是收复失土、迎还二圣。因此,他请求朝廷,准许他以
母妻作为人质,改调淮南东路某一重要职位,招集兵马,掩杀
金寇,收复淮南东路沦陷的州郡,再乘机北进,然后光复山东、

河北、河东等路失地,实现平生的梦想。

岳飞一边申复改调,一边积极整理装备,催调所部人马赴任。

兀术败退到六合,经过一番休养整补,有意再侵犯运河区,沿运河乘船北返,只有承州(今江苏高邮)有镇抚使薛庆扼守,楚州(今江苏淮安)有镇抚使赵立把关,都算得上运河的要害。兀术打算顺运河北上,必须夺取承州、楚州。这时恰有金兵另一路的统帅挞懒从孙村前来六合会合,打算和兀术会兵攻下楚州。兀术决定首先率众攻取承州。承州镇抚使薛庆战死,承州沦陷。然后,兀术向楚州进军。

赵立得到承州失陷、兀术大军已进军楚州的消息,就向朝廷飞书告急。

朝廷命令张俊前往救援,并命令岳飞听他差遣。张俊现在屯驻江南,距离兀术大军还很远。张俊认为金兵士气盛气凌人,赵立孤城危在旦夕,这时救援并没有任何意义,就没有前行。

部将有人表奏朝廷说张俊不肯救援,高宗想到张俊当年开大元帅府之时救驾有功,就没说什么,改调两浙西路安抚大使刘光世,亲自督师救援,并命令岳飞率兵,腹背掩击。

刘光世奉命后，也只逗留京口（今江苏镇江）不肯渡江。

岳飞曾向刘光世求助数十日的军粮、两千士兵用来作救援，刘光世却置之不理。岳飞只能进袭侵据承州之敌，以为牵制。连战三次，都获大捷。

九月二十九日，楚州孤立无援，被兀术攻破，镇抚使赵立以身殉国。

刘光世表奏岳飞等将领不听指挥，拒绝会合。高宗早已识破其中真假，不但没有责怪岳飞，反而嘉奖他，并赐给他金注碗（碗状酒具）一副、盏十只。又因为楚州、承州沦陷，命令岳飞仍回泰州任职。

十月初，发生一件影响南宋兴衰的大事，秦桧从金朝回国了。

秦桧说他是杀死金朝的看管人员，趁机潜逃回来的。秦桧的这种说法，连三岁小孩也难骗过，怎么能骗得过朝中明智之士呢？其实，这就是金朝的预谋而已，他们想让秦桧回国毁掉宋朝的整个朝廷。金朝的挞懒南下，就携带了秦桧全家及行李同行。

秦桧抵达涟水军（辖境相当于今江苏涟水）兵寨，被寨兵捕获，认为是金方的奸细，便要绑起来将他杀了。秦桧说："我是御史中丞秦桧。"寨兵都是粗人,不知道御史中丞是什么。

秦桧赶忙问:"这里有秀才没有?秀才必然知我的姓名。"

寨中有个卖酒的王秀才,叫王安道。王安道不知道秦桧,见了秦桧却假装相识,并殷勤问候。寨兵见王秀才认识秦桧,便以礼相待,并派人送他到越州天子休憩的地方。

朝中大部分人都不知道秦桧回来的原因是什么。只有宰相范宗尹、同知枢密院李回,向来与秦桧交往密切,尽破群疑,力荐他的忠诚。

腊月初八,高宗在行宫召见秦桧。

秦桧为迎合高宗的心意,早已经准备好了说辞,纵论天下大局,可和不可战,和则两利,战则两国军力相差悬殊,挞懒与兀术两军仍有十万多士兵,随时都能南下侵犯。如果想维持江南的半壁江山,并不是件容易的事情。如果议和达成,还有半壁河山,仍然可以吸取教训,整顿军备,等有机会就可挥军北上,收复失地。

高宗当年曾经被兀术追到海上,仍记忆犹新。秦桧的言辞正中他下怀。高宗说:"秦桧忠义过人,朕得到他高兴得睡不着觉。如今,我听到了二帝、母后的消息,又得到一个贤士。"

江淮败李成

金军虽然已经占领两河及淮河以北广阔的地区,却无法治理,而且难以久驻;一旦回国,自然是前功尽弃。所以,金朝建立汉奸傀儡政权,是唯一可行的办法。于是,在建炎四年(1130年)七月二十七日,金朝立刘豫为"齐帝"。

刘豫是景州阜城(今河北阜城)人,徽宗政和年间中进士,赐官殿中侍御史,但是后来在朝中遭到御史弹劾。金军南侵,到了济南府,挞懒以金钱、地位利诱他,让他开城门投降。金人命他为京东西、淮南等路安抚使。金朝打算立傀儡政权,刘豫便以重金贿赂挞懒。于是,挞懒在金朝皇帝吴乞买面前荐举刘豫,金朝皇帝册封刘豫为齐帝,在北京即位,后迁伪都汴京。

伪齐的建立,对于金朝来说,一可以让它成为鹰犬,统治占领区;二可以作为金、宋的缓冲;三可以使它勾结江南盗匪,扰乱南宋后方治安,其中李成就是显著的例子。

在伪齐成立之前,建炎三年(1129年)十一月,李成曾同兀术勾结,合兵进犯乌江县。

截至高宗绍兴元年(1131 年),李成窃据了江淮十数州,聚众达三十万,大有席卷东南之势。

正月初,李成派大将马进率队伍十多万人,进犯洪州(今江西南昌),洪州告急。高宗命令张俊为江淮招讨使,领兵讨贼。张俊又推荐了岳飞。于是,高宗命令张俊、岳飞一起去讨贼。

岳飞接到诏书,就在二月初抵达饶州(今江西鄱阳),与招讨使张俊会合。张俊把大军屯扎在饶州,没有轻易冒进,看到岳飞前来会合,才让军队进驻洪州。

马进的队伍在赣江西岸扎营,与洪州隔江遥望。马进军队十分嚣张,宋军无法渡江,张俊就与岳飞商议。岳飞早已成竹在胸,说:"这很简单。只要以三千骑兵沿江而上,到生米渡处,偷渡过江,出其不意,攻敌不备,必能破敌。"

二月初九日,天还没亮,岳飞率部队飞奔,人人身披重甲,到达生米渡,不久全军渡过赣江;再沿江而下,以迅雷不及掩耳之势,自马进屯军右侧偷袭。岳飞手执铁枪,首先冲进敌营。张宪、岳云分居左右。岳云已经十三岁了,虽然是第一次参加实战,但他毫无畏惧,势不可当。这三千骑兵都像猛虎下山,枪挑刀砍，从右营次第冲向左营。敌人只注意正面官军，没有料到岳飞会从上游偷渡。

一场厮杀，直把马进的十多万人杀得弃甲曳兵，纷纷跪地投降者有五万多人。

马进制止不住，也只能随众奔逃。后边的队伍以为前边败了，逃得一个快似一个。

马进在败逃的途中抢下了筠州城，就在城内歇兵。岳飞便在城东扎营，扼住筠州城的出入咽喉，并命张宪、王贵各领五百人，在左右林中埋伏，见敌人追来，一齐杀出。马进一见中了埋伏，赶忙撤军，队伍更是惊弓之鸟，四散溃逃。

岳飞派人高呼："凡是不愿意再做盗匪的，卸了盔甲原地坐下，可免一死！"一时间，应声坐地的有一万多人。

岳飞命王贵、徐庆收缴兵械，整编军队，向张俊报捷，自己率领张宪、岳云及八百精骑追击溃散的队伍。岳飞预料，马进必定逃到李成那里会合，李成盘踞在南康府（今江西庐山）的建昌（今江西永修）一带。于是，岳飞便取捷径，行近朱家山，只见一片茂密的树林，有一条山径穿林而过。岳飞就命张宪、岳云各带一队在林内隐伏，不得发出一点声息。

马进的溃散队伍刚一经过到树林，只听一阵锣响，看见刚进树林的士兵慌张逃了出来,口中喊道:"岳爷爷在里边!"他们身后果然杀出了岳飞的军队,马进吓得魂飞魄散,把马一夹,一个人落荒而逃,奔往建昌去了。

马进率领数十人逃回建昌。李成原本打算命令他进军洪州,所以把全军一半多的精锐都拨给他管制,没想到打了两仗就全军覆没。李成不但被挫了锐气,而且元气大伤,就喝令把马进推出斩首,多亏其他将领讲情才将他放了。

李成命马进把战争的经过情形详细说了一遍,立刻叫人点齐了十万兵马,当日向筠州(今江西高安)进发。

李成行近楼子庄时,正好与岳飞的先头骑兵相遇,双方站住阵脚,开始叫阵。

岳云主动请缨,他两腿一夹,那马便朝着李成驰去。

李成见出来一个小孩子,便没放在眼里。没想到岳云天生神力,李成竟然只有招架之力。他怎么也想不到,一个小孩子竟然能杀得向来有天王美誉的他手忙脚乱。

这时,张宪也挺着那支茶杯粗的铁枪加入战斗。一个岳云已杀得李成汗流浃背,而张宪这支枪更具威力。李成见势头不妙,回马便走,岳飞率领着八百骑兵紧紧追赶在后。李成的队伍见头领都败了,谁还敢再战?一下子如潮水般溃退了。

岳飞边追边令人在马上高呼："抛下武器者免死！"一呼百应，李成的队伍都抛却了手上的武器，一时间刀枪弓箭丢弃了一地。

岳飞一口气把李成由武密（今江西武宁）直追进江州（今江西九江），见李成率着残部潜入岷山山区才停止追击。于是，岳飞驻扎在江州，等候张俊所率领的官兵大队到来再做商议。

张俊来到江州，得知岳飞迅速剿灭进犯洪州的马进，并成功打击了李成的建昌老巢，倍加赞誉。

李成虽然已经元气大伤，但还有数万的队伍，仍有作乱的可能，岳飞认为应当一鼓作气，尽行歼除。张俊就命令岳飞为前部，进行追剿。

李成残部已是惊弓之鸟，还没等岳飞部队到达，就已经先奔逃了。岳飞选了一些精骑昼夜追击，可是李成跑得更快。

五月，李成已经渡过了长江，向蕲州（今湖北蕲春）进军。岳飞将骑兵、步兵分开渡江夹击，终于在张家渡与李成相遇，杀死马进、孙建等多个首领；后又追到蕲州，敌人的队伍已溃不成军，除李成率领少数亲兵投降伪齐之外，其余的不是死了就是投降了。

岳飞整编军队，去弱留强，选了一万多精兵献给张俊。张俊向朝廷报捷，以岳飞为首功。李成作乱江淮数年，终于被剿平了。

七月，朝廷提岳飞为神武后副军统制，暂驻洪州，打压盗贼。岳飞志在北伐，而今却让他留守讨贼，实在是英雄无用武之地。

一天，岳飞带着岳云，踏着满地的落叶，登上翠岩寺，随处逛了逛，又到了寺后面，沿着蜿蜒山径，上了山顶。岳飞举目四望，山河如画，令人心旷神怡。北望神州大地，大好的山河还沦陷在敌人手中。如今秋高气爽，士气饱满，挥军北上，捣毁伪齐，收复失地，这并不是什么难事，可现在却是岁月蹉跎。岳飞一时百感交集，拿来笔墨，在寺壁上题诗一首道：

秋风江上驻王师，暂向云山蹑翠微。

忠义必期清塞水，功名直欲镇边圻。

山林啸聚何劳取，沙漠群凶定破机。

行复三关迎二圣，金酋席卷尽擒归。

清剿曹成起义军

绍兴二年（1132年），高宗由绍兴府移驾到临安。作乱江淮的李成虽然被岳飞剿灭，但江南一带仍旧是不太安定，江南西路、荆湖南路等地的起义声四起。荆湖南路，有曹成、李宏、刘忠、马友、杨么等举行起义；江南西路，有彭友、李洞天、陈颐、罗闲等人揭竿而起；福州路，有范汝为等人武装起义。

在这些起义军中，以曹成为首的起义军影响最为广泛，队伍多达十万。他由江南西路向南，经荆湖南路窜抵道州（今湖南道县）与贺州（今广西贺州）一带举行起义。

二月，岳飞奉命以神武副军都统制本职，权知潭州，兼权荆湖东路安抚都总管，统带全军兵马，往道州一带镇压起义。朝廷赠予岳飞金字牌及黄旗十面，如果起义军想投降，就乘机招安。

岳飞本部将士仅一万两千余人，连同拨归节制的吴全、韩京、吴锡三部七千人，总共也才一万九千余人。除去留守辎重等杂役外,实际参与战斗的将士不过万人,用来镇压多于自己十倍的敌人,在人数上就显得单薄。因此,岳飞决定采取招抚、镇压并重的策略,先派人招安,如果不行的话,再挥兵清剿。

三月十七日,岳飞自洪州出发;三十日,抵达茶陵(今湖南茶陵)。曹成得到情报,对部下说:"岳家军来了。"当下就将队伍分开行动,一部分去往广西,留中军在道州驻守。

岳飞先派人到曹成营中,晓之以理,劝他投降。曹成不肯接受招安,在他从道州逃往贺州的途中,岳飞也以精骑紧紧追击在后面。

闰四月,岳飞率部队逼近贺州,在附近扎营;而曹成则以太平场为基地,屯兵数十里,安营扎寨。

四月初四日傍晚,一名潜行打探军情的侦探被岳飞的巡逻人员抓获。岳飞知道后,高兴地说:"这真是天赐良机!"就定了一个计策。

岳飞让人先将这个人绑缚在帐下。一会儿,岳飞出帐,召来军吏,调配进军士兵的粮食。

军吏禀告说:"粮食已经用光了,后面的粮食还没送来。"

岳飞大声说:"马上派人去催粮!"

军吏小声说:"郴县与桂阳库中也没有存粮。"

岳飞叹了口气，说："这可怎么办呢？"想了半天，他自言自语地说："只有回茶陵去取了。"岳飞吩咐各营整装待发。这时才发现有个人正绑缚在帐下，很后悔自己说了太多机密。岳飞叮嘱部下对他严加看守，明早一起带着返回茶陵审讯。

侦探把岳飞说的话记得一清二楚，等岳飞走了，就想了一个金蝉脱壳之计，逃了出来。

这个人逃回太平场，把这些情报一一禀报给了曹成。曹成不禁心花怒放，决定趁机追击，必定大获全胜，所以他传令下去，要自己的部队好好休息，明天准备出击。

岳飞等敌人跑远了，立刻叫来张宪、王贵、岳云，让他们各带两百骑兵，在三更时分秘密突击贼营，张宪居中，王贵、岳云分从左右，三面同时杀入；徐庆带领步兵接应。

起义军万万没想到岳飞会派兵偷袭，也不知道有多少人马，无心抵抗，只求找出路逃跑，一时间自相践踏，死伤众多。

曹成慌忙迎战，正碰到张宪，被张宪几枪杀得两臂酸麻，眼看不敌，只好拨转马头逃走，岳飞的部队追击了二十多里才收兵。曹成又逃了一程，待进入了萌渚岭山区，见追兵已远，就挨着山扎营，整顿残部。到了中午，又收编了三万多的人马。

萌渚岭一带地势十分险要，曹成仗着熟悉地形，决定在这里等待岳飞的部队。他想,如果岳飞部队跟着过来,就将他们引入谷内,两头截杀,谅他插翅也难逃。

不过,对于这一带的地形地势,岳飞从当地人口中探听清楚了,知道哪里是山谷、哪里有关隘。等到岳飞与张宪等将领会合后,岳飞便命令他们在追敌之时小心被敌人引诱、孤军深入,必须彼此呼应,从后面掩杀;要造成一种声势,先声夺人,敌人必然溃退。

曹成所考虑的,只是天时地利,却忽略了自家部队的士气问题。所以双方一接触,起义军便争先恐后地往桂岭方向逃跑。

桂岭是萌渚岭的腹地,地形非常复杂。进入桂岭,必须翻过北藏岭、上梧关、蓬岭,它们号称"三隘",被称为天险,易守难攻。曹成带兵据守在北藏岭、上梧关,想以逸待劳,不信这岳飞能飞渡过去。

岳飞率兵向曹成进军。曹成只是坚守,但是部下的都统领王渊硬是要出战,认为坚守不出,只会长了敌人威风,减了自家的锐气。曹成叮嘱他能战则战,不能就快速退回,只要退到两个关隘之中就安全了。

王渊出了上梧关,还没稳住阵脚,岳飞立刻挥兵到来,步兵则在后边擂鼓呐喊，人喊马嘶，鼓声震天。王渊仗着自己力气大，挥动着两柄大铁锤就要和岳飞对战。怎奈岳飞马快，交马只一回合，便结果了王渊的性命。士兵见主帅已经死了，士气大减，都朝上梧关奔逃。岳飞带领着自己的背嵬军队从后面追击。

关上打下来很多檑木、滚石，岳飞这八百骑兵都是经过精选严训的，上山下坡如履平地。他们每人左手握了藤牌，右手持了朴刀，一鼓作气，攻下了上梧关、北藏岭。曹成又仓皇退守蓬岭。不久，蓬岭也被岳飞攻下。

曹成带着数十骑兵逃往连州（今广东连州），岳飞不容他再危害乡里百姓，就忙命令岳云率骑兵追赶。曹成被追得走投无路，便到宣抚司投降。

曹成所带的起义军，部分投降，部分被歼，其余的散逃到了各地。岳飞命令张宪、王贵、徐庆三人分途招降。官军三路分头遵令办事，招降了曹成的队伍共有两万多人。

岳飞招降了曹成，军马暂时驻扎在连州。

六月初，朝廷命令岳飞带本部及韩京、吴锡两队人马屯驻江州，镇压起义军，并授予岳飞为中衙大夫武安军承宣使（武臣加官的虚衔，无定员，无职任，虽冠有军名，并不赴任）。

岳飞奉旨,整顿军队北上,一路秋毫无犯。饱经战乱的乡民,都扶老携幼,去送岳飞的军队。

七月初七日,岳飞宿祁阳大营,沅州(今湖南芷江)知府派人拿着书信请求岳飞援助。书信上说,曹成的溃散部队郝政骚扰沅州,头裹白布,称为"白头巾",扬言要为曹成报仇。郝政手下有员大将叫杨再兴,骁勇善战,堪称万人敌,官府都拿他没有办法。

岳飞就命令张宪、岳云带三千兵马择日前往镇压起义。临行前,岳飞又特别叮嘱张宪:"兵贵神速,不要让郝政得了消息逃跑了。至于杨再兴,能招降最好招降,不行的话也要把他生擒回来,不可伤了他的性命!"岳飞向来对骁勇之士十分爱惜。

张宪、岳云连夜赶奔沅州,根据确切情报,直接杀向敌营。郝政没有见到岳飞,只见两个部将过来,原本还胆战心惊,现在又壮起胆来,大喝一声说:"哪里来的小辈,敢来找死!"

岳云挺身而出。郝政见来了一个瘦弱的小娃娃,不禁笑道:"你一个乳臭未干的娃娃,也来送死!"

岳云并不答话,举锤便打。郝政欺他年幼,只把铜轻轻往上一迎,不想锤铜一接触,那锤似有千百斤重,忙两铜齐举,才能挡住。岳云左锤已横里砸到。郝政已经躲不过,又来不及抽铜,便被打下马来。岳云又补了一锤,快将他打死了。张宪的部队一拥而上,起义军四散败退。

杨再兴负伤,被张宪活捉。张宪劝他投降,他只说见了岳飞才投降。张宪押着他到了茶陵,与岳飞大军会合。

岳飞见杨再兴生得高大威猛,声音洪亮,便说:"你做了贼寇,就像明珠暗投,实在是不幸。以你的才能,应当为国家效力,讨伐金贼,换个封妻荫子的功名,也不枉了大丈夫为人一世。"

杨再兴见岳飞相貌庄肃儒雅,让人产生敬畏之心,不觉跪下道:"感谢您的不杀之恩,我愿意追随您,赴汤蹈火。"

岳飞赶忙亲自为杨再兴解了绳索,说:"但愿你能以忠义报国。"

赋词《满江红·怒发冲冠》

绍兴元年(1131年)二月,秦桧被任命为参知政事(副宰相,辅助宰相处理政事)。七月,范宗尹被免了相职,相位空缺了很久。秦桧很想继任,就扬言说:"如果用我为相,我有两个计策,可以震动天下。"八月,高宗果然被秦桧蛊惑,拜他为右仆射(仆射,宰相之职)、同中书门下平章事兼知枢密院。

秦桧任了相职,便将他所谓可以震动天下的两件事,拟了一份奏章呈现给高宗,请高宗颁行天下。这两件事的其中之一为,南北方之士大夫可以互通家书。所谓的"互通家书",不仅是要开放边禁,互通有无,而且意在为投敌、投伪之无耻汉奸开脱,认为他们都是为了一时之计,出于不得已。而另一件事就是让那些山东、河北诸郡渡江无归的人,开具原籍所在,遣送还乡。

高宗并不同意秦桧的办法。后来,金朝曾派议和使李永寿、王诏南下,所谈七事中的第一件事便是全部北方人返乡,这与秦桧所拟办法正相吻合,这足以证明秦桧确实在私通金人。

秦桧担任相位一职以来,并没有任何建树,所谓可以震动天下的两件事,实在是不切实际。他只是一味主张议和,并排斥异己,让自己的亲信把持言路。

九月,吕颐浩再次做宰相,秦桧同时执政。秦桧计划篡夺吕颐浩的权柄,就怂恿同堂建议说:"周宣王内修外攘,所以能够中兴。现在二相应该分管内外事务。"于是,吕颐浩在镇江设立都督府。高宗说:"吕颐浩专门治理军旅,秦桧专门管理政务,如同文种、范蠡的分职就行了。"

绍兴二年(1132年)八月,吕颐浩返回临安,荐举黄龟年为殿中侍御史、刘棐为右司谏。黄龟年立刻列陈事实,弹劾秦桧"专主议和,阻止恢复,植党专权,渐不可长"。高宗在很多人的检举之下,也逐渐发现秦桧并不是所谓的"忠义过人",而是另有奸谋,就免去秦桧所兼各职,罢为观文殿学士,提举江州太平观闲职;同时罢去秦桧的私党胡安国等。

秦桧被罢官,岳飞听到后满心欢喜。这并不是岳飞对秦桧有什么私人恩怨,而是由于秦桧自入相以来一味主张议和,与岳飞主张完全不同。

秦桧被罢免后,朝内已无人再提倡议和,取而代之的是讨伐汉奸刘豫的呼声。

绍兴三年(1133年)二月,高宗特派使臣拿着金蕉酒器赏赐给岳飞,并宣召他前往临安天子住处。不过,岳飞的临安之行暂时搁置了。这时,虔州(今江西赣州)、吉州(今江西吉安)一带,起义军四起。三月初,朝廷命令岳飞前往镇压。

四月,岳飞到了虔州。固石洞(在今江西于都县东北)的起义军首领彭友，率领全部人马到于都应战。彭友跃马直冲宋军，岳飞指挥士兵在马上把他擒获，其余起义军首领退保固石洞。

固石洞是彭友等人的根据地，储积十分丰富。洞在山腰上，山势耸峙险峻，四周环水，只有一条小径可以进出，险阻重重，易守而难攻。

岳飞在山下布列骑兵阵，个个挽弓搭箭，蓄势以待。然后派敢死队三百壮士，于破晓时分持着藤牌、朴刀杀上山去。山下一片擂鼓呐喊，助长声势。这三百名壮士，个个身长力大，而且都熟习岳家拳，人人一身好武艺，把敌军杀得溃散。起义军也不知来了多少人，一时大乱，纷纷向山下逃奔。

到了山下的起义军，发现被骑兵紧紧包围，不由得跪在地上高喊饶命。岳飞下令，投降的人可免死。山上的起义军知道已经无路可逃，全都弃械投降。

岳飞传授徐庆等人计谋方略，让他们搜捕二州各郡的残余势力，都一一打败了这些散兵游勇。

当初隆祐太后在虔州受到惊吓，所以高宗秘密下旨命令岳飞占领虔州后全城屠戮。岳飞请求只杀首领，赦免从众，高宗不准。岳飞又连请数次，高宗才有些犹豫，就让岳飞酌情裁决。岳飞入城处置俘虏,除诛杀了重罪贼酋数人之外,对其余人宣称奉诏赦免。一时间,虔州全城民众欢声如雷,感激岳飞的恩德。继宜兴之后,虔州百姓也画岳飞像加以供奉。

九月十三日,岳飞抵达临安,高宗传口谕,岳飞可以系着金带上殿。高宗对岳飞再三夸赞,并赐给他衣甲、战马、战袍、银缠枪、弓箭等;又赐御书"精忠岳飞"绣旗一面,命令他行师的时候竖立在中军显眼的地方。

岳飞感谢高宗的知遇之恩,但身为大将却不能挥兵北上,歼胡虏,收两京、迎还二圣,以解主上之忧,不禁百感交集,遂赋词《满江红》一首:

怒发冲冠,凭栏处,潇潇雨歇。抬望眼,仰天长啸,壮怀激烈。三十功名尘与土,八千里路云和月。莫等闲,白了少年头,空悲切!

靖康耻,犹未雪;臣子恨,何时灭?驾长车,踏破贺兰山缺。壮志饥餐胡虏肉,笑谈渴饮匈奴血。待从头,收拾旧山河,朝天阙!

九月十五日,岳飞被授予镇南军承宣使,充江南西路沿江制置使,屯驻江州。二十四日,拜官为江南西路舒蕲州制置使,置司江州。同时拜命置司的还有三人，刘光世置司池州（今安徽池州），韩世忠置司镇江，王燮置司鄂州（今湖北武昌）。

以往诸将虽然各自拥兵自重，但是只屯据点，而没有责任区划；现在分遣诸将，各居要职，专门负责某一地区，设置衙署。

岳飞由于长期要驻守江州，就买了几亩田地，将家眷接到江州来居住，这样可以早晚侍奉老母。

竭力收复襄阳等六郡

绍兴三年（1133年）十月下旬，伪齐刘豫突然派李成倚仗金兵入侵，攻占襄阳、唐州、邓州、随州、郢州、信阳军等。襄阳等六郡的沦陷，不但使得敌人直逼长江，同时也使宋朝丧失了恢复中原的根本，岳飞对此感到痛心疾首。

绍兴四年（1134年）二月，岳飞奏请朝廷："襄阳等六郡是恢复中原故地的根本所在，如今应该首先攻取这六郡，以解除心腹之患。在李成远逃之后再增兵湖湘地区，以歼灭所有的盗寇。"

高宗将岳飞的建议告诉了赵鼎,赵鼎说:"了解长江上游的利害得失,没有人能比得过岳飞。"于是,高宗授岳飞为黄州、复州、汉阳军、德安府制置使。

　　五月初,岳飞自率精锐骑兵,擎着御赐"精忠岳飞"旗,兼程赶往郢州。郢州城内有伪齐将领京超驻扎。京超骁勇悍武,号称"万人敌"。城内有一万多蕃汉军士,声势浩大。

　　岳飞横渡长江,于初五抵达郢州城下,下马环城侦测。京超凭借坚城抗拒岳飞。第二天清晨天刚亮,宋军就鼓噪呐喊,逼近城墙,军士把肩膀当作梯子,纷纷踏肩登城,刀砍剑劈。岳飞一声令下,众将士一举攻克郢州,京超投崖而死。

　　岳飞收复郢州后,派遣张宪、徐庆前去收复随州。张宪命令军队急攻,只是随州城城高壑宽,不好攻克。

　　岳飞问牛皋:"怎样才能攻破随州城?"

　　牛皋说:"只有以急攻、强攻的办法,让敌人没有喘息的机会,敌人士气下降,我军就一鼓作气,随州城就可以攻破了。"

　　于是,岳飞派牛皋率军队只带了三天的军粮去支援张宪。果然,到了第二天傍晚,就攻下了随州城。

　　郢州、随州先后也被攻克,襄阳敌军大为震动。李成亲自调集大军做防御部署,而岳飞也积极做进攻襄阳的准备。

五月十七日，岳飞亲自率骑兵、步兵五千人进袭襄阳。李成得到消息，立即出城四十里，挨着襄江（襄阳以南汉水河段）布下防线迎战。

两军遭遇，双方均先稳住阵脚。岳飞见是手下败将，加上对李成也有一些了解，于是举鞭指着李成的骑兵对王贵说："你率一千长枪步兵，攻击李成的骑兵。"又对牛皋说："你率五百精骑兵，攻击李成的步兵。"

一声呐喊，王贵、牛皋各率步骑冲向敌阵。步兵专以长枪攻击敌之坐骑，一个骑兵倒毙，其他的骑兵就不好行动，互相冲撞，人马坠入江中不计其数。骑兵则列队冲入敌人的步兵中，远者箭射，近者刀砍，左冲右撞，来去如飞。岳飞又下令命后面的部队擂鼓呐喊助威。李成的步兵、骑兵自相践踏，溃不成军，连夜向新野方向逃跑。于是，岳飞收复襄阳。

六月初五日，岳飞与大将王万，在新野夹击李成号称的三十万大军，李成大败；初六再战，又败李成。岳飞命令王万乘胜追击，敌兵死伤无数，新野也被收复。

捷报到了临安，高宗在欢喜之余，又考虑善后的问题。他生怕如果岳飞班师，敌人又来骚扰；如果留兵屯守，朝廷千里送粮难以负担，所以要岳飞想一个两全之策。

岳飞奏请朝廷行营田之法。襄阳、随州、郢州一带土地肥沃,只是民力不足以支应。如果驻军屯田,则军民两利。此时已经快到七月,过了耕作的时期,须等到来年开春才可以进行。如果大军屯驻鄂州(今湖北武昌),那么新收复的襄阳、随州、郢州等也留一些军马,可以互相支援。等到失土全部收复,六州屯扎的部队,以大军六万固守,所需的粮草,暂时由江西、湖南支拨;朝廷支付券钱,各以一年为度。等到营田准备就绪,军储充足,朝廷就可以免去千里送粮的担忧,而进退攻守也很方便。在收复的初期,治理难免出现困难,所以需依赖朝廷的资助;但有了营田之后,军队基本都已经独立,而且以后还能循环利用资源。

　　高宗看完奏章,觉得十分不错,特制发"七州砥柱"军用钱币支应军需,当作鼓励。这是岳飞独有的殊荣,也表示高宗倚恃正殷。所谓"七州",是指岳飞辖区内的舒州(今安徽怀宁)、蕲州(今湖北蕲春)、荆州(今湖北江陵)、鄂州、黄州(今湖北黄冈)、复州(今湖北沔阳)、岳州(今湖南岳阳)。至于"砥柱",顾名思义,高宗把岳飞视为"七州"的中流砥柱。

　　李成自新野溃退到邓州,会合了金朝将领刘合孛堇所率领的陕西番伪军,在州郡的西北屯扎了三十多个寨,准备抵抗岳飞的军队。

岳飞在襄阳整顿军队,在七月中旬策划进攻邓州,先派王贵、张宪分别率军由光化路、横林路会合夹击。

张宪一路与岳云等进军,离邓州三十多里,碰到有数万的伪军迎战。王万、董先各以奇兵突击,伪军溃散,刘合孛董侥幸逃脱。伪军将领高仲率领余党仓皇逃回邓州,关闭城门拒守。

七月十七日,岳飞亲自带兵攻城。岳云一马当先,奋不顾身强行登城,身体伤了数十处,流血染湿了战衣,然而他毫不退缩;其他部队将士也纷纷冒着矢石蜂拥而上,一鼓作气,攻破了邓州,并生擒了贼将高仲。

岳飞派人权且署理邓州州务,然后率领军队向东进军,于七月二十三日先后攻取了唐州、信阳军。至此,被敌人攻破的襄阳等六州郡都已经收复,才不过用了七十多天。

襄汉地界都已经被平定,岳飞在八月间上奏章请求免除制置使职务,请朝廷派别的重臣过来治理荆襄。但是,朝廷下诏不准岳飞辞去职务,并将襄阳、随州、郢州、唐州、邓州、信阳军六州郡,合并为襄阳府路,改由岳飞管辖。于是,岳飞大军只好在鄂州屯兵。

一天,在清闲的时候,岳飞带着岳云登临武昌胜景黄鹤楼。黄鹤楼占尽地势之优,视野广阔,俯瞰江汉,远近美景尽收眼底。但是,岳飞的思绪却早已飞到了那被敌人铁骑蹂躏的中原神州。

此次带兵收复襄阳等六州郡,势同破竹,如果能不受牵制,那么渡河收复失地也不是难事。但是,朝廷却仅令他收复失土,不得逾越与伪齐的疆界,这实在不能不让他感到沮丧和遗憾。岳飞因此作《满江红·黄鹤楼词寄感》:

> 遥望中原,苍烟外,许多城郭。想当年,花遮柳护,凤楼龙阁。万寿山前珠翠绕,蓬壶殿里声歌作。到而今,铁骑满郊畿,风尘恶。

> 兵安在?膏锋锷。民安在?填沟壑。叹江山如故,千村寥落。何日请缨提锐旅,一鞭直渡清河洛。却归来,再续汉阳游,骑黄鹤。

这首登黄鹤楼有感,距离作上首《满江红》虽然只有短短的一年,但在心境上却有所改变。

八月二十五日,高宗为了犒赏岳飞,开始对他"建节"封爵,特授清远军节度使、湖北路荆襄潭州制置使、依前神武后

106

军统制,并特授武昌县开国子,食邑五百户,实封两百户。

当时岳飞才三十二岁。与韩世忠、张俊、刘光世等大将相比,岳飞年纪最轻,却升迁最快。

庐州大捷立奇功

绍兴四年(1134年)夏、秋,岳飞三个月不到收复了襄邓各州郡。伪齐刘豫得到这一消息后,不由大惊,生怕岳飞乘胜长驱直入,急忙向金朝求救,打算合兵攻宋。

金朝皇帝吴乞买曾与粘罕计议南侵,适逢兀术回国,声称万万不可,因为江南低湿,不适合北方军队,而且眼下人疲马乏,粮草不足,恐怕不易成功,所以南侵的商议暂时搁置了。现在,刘豫用江南的丰饶富庶、女子、玉帛相引诱,吴乞买南侵之意又起,派窝里嗢、挞懒权充左右副元帅;兀术曾经渡江南下,熟悉地势的险易,命令他为前军,并调拨渤海汉儿军五万人援助刘豫。

刘豫分两路南侵,骑兵自泗州(今安徽泗县)至滁州,步兵自楚州(今江苏淮安)至承州(今江苏高邮),号称大军七十多万。

警报传到临安,朝廷大为恐慌。群臣都劝高宗暂时移驾别处,躲避敌人的锋芒;唯独宰相赵鼎力排众议,认为年年退避,只能增长敌人的士气,没有任何作用。

十月初一日,高宗决意御驾亲征,命令张俊军援淮东、刘光世移军建康。高宗的车马择日进发,由刘锡、杨存中派禁兵随从,二十七日抵达平江府。

高宗打算渡江决战,赵鼎制止说:"金兵从北长途跋涉到南方,一定会选择速战速决,这样跟他针锋相对不是上策。现在陛下亲征,目的是激励士气,并不是真要与敌人交锋对阵。"

高宗觉得有理,就下诏声讨刘豫的叛逆大罪,用来激励人心士气。

腊月,金人、伪齐入侵淮河,侵犯庐州(今安徽合肥)。如果庐州失守,那么整个淮西、淮南便受到威胁。高宗急忙调岳飞东下抗敌。

岳飞接到诏书,立刻派牛皋、徐庆连夜赶过去救援,随后自己和大部队从东边的池州(今安徽池州)与牛皋会合。

牛皋抵达庐州城郊时,伪齐的五千甲兵也正在城外部署。牛皋率领岳家军精骑兵向敌军逼近,先稳住阵脚,然后大声说："牛皋在此！你们竟然活得不耐烦，敢来犯境！"

敌兵没想到对方援军竟然来得如此迅速，其中不少人曾参加随州的战役，对牛皋有深刻印象，一看见来的人是牛皋，内心已有了三分恐惧，等看到宋军中持着"精忠岳飞"旗子，有人不禁喊道："岳爷爷来了！"一喊百应，这五千伪齐甲兵还没交战就都溃散了。伪都统哪里制止得住，也只有随大家一起溃退。

岳飞命牛皋乘胜追击，不让敌人有喘息的机会。牛皋就以骑兵尾追不舍，直追出三十多里，而五千敌兵或被杀或自相践踏丧命的已有一半。此战杀死伪副都统、千户长、五百户长数十人，生擒八十多人，俘获马匹、旗鼓、兵杖无数。庐州被收复。

此时，金兵主力驻扎在泗州与竹塾镇一带，受到了韩世忠在扬州的阻挠，不好前进。正是天寒地冻的天气，雨雪不止，粮道不通，补给又十分困难，恰恰又传来金朝皇帝吴乞买病危的消息，兀术不免有了归意。

古时作战，因运输艰困，特别强调"军马未动，粮草先行"，军中一旦缺粮，后果十分严重。兀术此时正处此困境，没有地方掳掠，只得把马杀了当作食物，军中早已怨声载道。不久后，又听到高宗御驾亲征，军师哈迷蚩劝兀术说："士兵劳苦，已经丧失了斗志，勉强过江，恐怕难以取胜。而且主上又病情严重，朝中若有变故，将不利于太子，不如早点回去。"

兀术也觉得留在此地没有用处，就连夜北撤。大军已经退了，才派人告知伪齐的刘麟、刘猊。二人知道消息后，顾不得整装，就把辎重财物全都弃掉，追随着金兵一起后撤，昼夜不停，直到宿州才停下休整。

腊月将尽，金朝皇帝吴乞买病死。他舍弃了自己的儿子，让哥哥的儿子即位。

绍兴五年（1135 年）二月初二日，岳飞自池州应召到平江入朝觐见。由于岳飞在庐州大捷立了奇功，高宗再次明确了岳飞的官职，即特授镇宁、崇信军节度使，湖北路、荆襄潭州制置使，进封爵位为武昌郡开国侯，又任命他为荆湖南路、荆湖北路、襄阳路制置使，神武后军都统制。岳飞长子岳云升迁阁门宣赞舍人，次子岳雷升迁阁门祗侯；岳飞的母亲姚太夫人被封为魏国夫人。

朝廷任命了赵鼎、张浚为左右宰相，兼知枢密院，都督诸路军马，颇有一番新气象。赵鼎、张浚都主张以战止战，坚决唾弃议和。而高宗为了保住半壁江山,也听从他们的建议,整顿军备,加强防御。后来,朝廷派张浚以都督行府名义,由建康沿江西上,前赴潭州,剿灭叛贼杨么;赵鼎则居中总理政事一职,两相一外一内,表里相应。赵鼎处理政事也是游刃有余,还能破格提拔人才,他待人接物也很谦逊,不以位高自居,而且还敢于犯颜直谏,一时盛名大震,号称为"贤相"。

二月初八日,高宗由平江回到临安。此次亲征,虽然没接触敌人,但是激扬了士气,金兵、伪齐又狼狈而归,算是一次间接胜利,除扈从官吏官升一级,其余百官也都是可以休息三天。

平定洞庭湖起义军

绍兴五年(1135年),巨寇杨么(yāo)占据洞庭湖,官军多次进攻不能攻克,右相张浚认为,建康是东南的都会,而洞庭湖处在上游,唯恐杨么滋延为害,请求趁盛夏他懈怠时进讨,上奏请行。朝廷颁诏令让岳飞一同前往镇压。

岳飞的将士大部分是西北人,不习惯水上作战,如何以己之短去攻击敌人之长?不过,岳飞有胜利的把握,他认为兵法无常,运用之妙存乎一心。

杨幺,本名杨太,为钟相部下,年纪最小,楚人称幼小为"幺",所以都称呼他为杨幺。

钟相是武陵(今湖南常德市武陵区)人,在宋徽宗大观年间,他能够用一些方法去除人们的疾病,老百姓对他争相传颂,认为他是救世主下凡。他以"等贵贱,均贫富"的思想,号召人们起来反抗腐败的朝廷。等到湖湘盗匪猖獗的时候,他借机起兵,洞庭湖周边的州郡纷纷响应。他自号为"楚王",妻为皇后,子为太子,焚烧官府、寺观及豪富的居所,只要是官吏儒生、伪道医卜之流统统都杀。

不过,钟相后来被孔彦舟擒杀。于是,杨幺就率领着钟相的队伍,转到龙阳(今湖南汉寿)再度召集人手,手下有杨钦、黄佐、黄诚、周伦、刘衡、夏诚、高老虎等,不出几年就积聚了数万人,拥立钟相之子钟仪,称为"钟太子",自己号称为"大圣天王",不受大宋的管制。

其后,杨幺将根据地设在洞庭湖的君山,建造巨舶舰队,有所谓望三州、和州载、五楼、九楼、大德山、小德山、大海鳅

112

头、小海鳅头等名目,数以百计,船疾驶如飞,上面还能发射矢石。杨么的船高大,官船狭小,矢石从天空落下,不好抵御。数年来,朝廷虽然派王瓒去镇压过,却相持两年没有任何办法。杨么还与李成互通有无。李成在攻掠襄阳、邓州的时候,曾经拨三万兵给杨么,杨么率领他们的车舟(船以轮推进,故称车舟)五十艘,沿江顺流而下,与李成兵会合于两浙。现在,杨么的起义军已经让朝廷大为震动。

岳飞去年在庐州镇压起义,为了防止敌人去而复来,重扰淮西,暂时屯兵池州。现在接到诏令,立刻让军队整装待发,恰好前御营机宜赵九龄路过池州来访。

岳飞与赵九龄当初在河北招抚使张所幕中相识,一见如故。赵九龄看到岳飞后认为他一定是天下奇才,岳飞也很推崇赵九龄的智谋。在张所被罢免后,招抚使撤销,岳飞、赵九龄二人再也没有碰过面。

岳飞听说赵九龄来访,欣喜不已,这正是他乡遇故知。寒暄之后,岳飞想请赵九龄留在幕中做参谋。只是赵九龄因为其他原因坐了一会儿就走了,但他难推岳飞的诚意盛情,就荐举黄纵取代自己。

黄纵是政和年间的进士,才智卓越,只是总是不合时宜,不能与世浮沉,以致仕途艰难。绍兴初年,黄纵以为兴复江山有望,曾经上书论兵,赵九龄读过他的书论,十分惊讶民间竟有这等奇人,就与他相交。现在,赵九龄郑重地向岳飞推荐黄纵。

岳飞虽出身行伍,但是对儒生士子却极为礼遇。现在有赵九龄的推荐,岳飞立刻派人拿着书信礼聘黄纵来担任主管机密。黄纵也久闻岳飞大名,接到书信就赶过来了。从此,只要是岳飞有重要事务,都要和黄纵研究讨论;黄纵有感于岳飞的推心置腹,也就知无不言,言无不尽,竭尽心力。

四月,岳飞从池州出发,进军潭州。大军经过的州郡秋毫无犯。快要抵达潭州时,岳飞先派使者去敌营招安。由于往日所有招安的官吏都被杨么杀害了,因此使者跪地请求岳飞,宁死在元帅剑下,也不要受他们凌辱。

岳飞道:"我保证你没事。别人的使者他敢杀害,我差遣的人他绝不敢轻动。你大胆去吧!"

不久,使者回报说:"前寨有一个叫黄佐的愿意投降,只是需要元帅您亲自过去抚众。"

岳飞一听到黄佐之名,微微一笑说:"我与这个人有过一面之缘,倒要亲自去走一趟。"

张宪、牛皋双双劝阻，岳飞道："不入虎穴，焉得虎子！要破杨么，全在黄佐身上。要让他归降，我必须应约。"

岳云也要和岳飞一同去，岳飞答应了，又嘱咐张宪，暂时先就地扎营，待他归来，再进发潭州。

岳飞父子两人由使者引导来到前寨，黄佐赶忙问守卫来了多少人，守卫说算上使者，一共是三个人。

黄佐感叹岳飞一身是胆，然后对部下说："岳飞用兵如神，号令如山，如果跟他作对，没有什么好下场。现在他单独前来，很是诚信，我们如果投降，一定会获得善待的。"于是，他开了寨门，出外投降。

十年不见，二人也是深有感慨，岳飞也为黄佐肯投奔自己为国家效力感到欣慰。黄佐又带领岳飞父子进寨，让其他头领们来拜见。见岳飞对他们也是温和可亲，大家也都心悦诚服了。

岳飞告诫黄佐要保守投降的秘密，以免未得其利先受其害。接着，岳飞告别了黄佐，带领军队来到潭州，要使者请黄佐进城相会。黄佐如约而来，岳飞令人准备酒宴，酒喝着正高兴，岳飞对黄佐说："我想请你再回到洞庭湖中，传达我的意思，可以先劝慰他们，让他们投降；如果劝不动，就趁机将首领擒过来。你觉得怎么样呢？"

黄佐立刻拜倒，很感动地说："现在我受到您的提携，为您赴汤蹈火，在所不辞！"岳飞当日就向朝廷请功，朝廷授予黄佐为武义大夫。

黄佐回到洞庭湖，没过多久就有三百多人来投奔岳飞，过了几天后又有两千多人来投降。岳飞对他们都抚慰有加，赠给他们财物，还授予他们的首领官职。对于这些人的行动，岳飞也不加限制；如果有人还想回洞庭湖，也不过问。

一天，张浚到潭州来监管军事，参政（即参知政事）席益把岳飞跟起义军的详细事情都说了，然后说："岳将军处置起义军，看着很随便的样子，是不是他有别的意图呢？如果真是这样的话，我要向朝廷禀报了。"

张浚说："岳将军他忠孝两全，参政您怎么会不知道呢？再说，他的用兵之道本来就很玄妙，不是普通人所能预测到的。你妄自行动不怕误事吗！"

过了几天，岳飞来见张浚，说："黄佐已经接受招安了，现在已经袭破贼将周伦大寨，擒得伪统制官陈贵等人。我已经向朝廷请功，打算将黄佐提升为武功大夫。"

张浚说："您的智慧和勇气不是普通人可以达到的。"

岳飞又说："前统制任士安不服从王瓘的命令,导致失败。将领不听命令,代表法令不严,战场怎么能制敌呢?我想申明军律,对任士安必须有所处置。都督您意下如何?"

张浚点头说："你说得很对。王瓘治军有失,就在于军律不严。"

岳飞回营后,就传唤任士安入帐,斥责他违命慢令,论律当斩,姑且念他有过功劳,暂时先鞭打三十,要他率兵攻击围困永安寨的起义军："如果三天不能击平敌军,就斩了你!"

任士安即刻带领部队向永安寨进发。岳飞命令张宪随后支援。

任士安率领亲兵、陈照人马逼近敌营,说岳元帅已经带领二十万大军前来。但是,起义军首领黄诚看到只有任士安带着一两千人,自然不放在心上,下令把官军团团围住,此时起义军是任士安军队的十倍。

任士安领兵当头冲击,官兵也个个奋勇争先。但是,起义军如潮水般,杀了一波,又上来一波,任士安已杀得人困马疲,眼看不行了,却看到起义军纷纷后退,正纳闷间,忽然看到张宪从后面杀到,一杆枪如蛟龙出水,专刺敌人喉咙。任士安见了张宪,也抖擞起精神杀贼。

黄诚看到忽然半路杀出个程咬金，还是个年轻的军官，于是大怒，驰马向前，要与张宪决斗。黄诚哪里是张宪的敌手，张宪抖动手中这杆铁枪，专找要害，一连数枪，杀得黄诚两臂酸疼，满身大汗。黄诚虚晃一枪，败下阵来。张宪、任士安从后面追赶，直追到过了苟陂山才收兵。这场战役下来，杀获起义军无数，俘获战马器甲也不少。

　　五月底，岳飞从潭州移屯到鼎州。张浚突然说要见岳飞，等见到他就问："镇压杨么的任务是否已经有了妥善计划与部署了？"

　　岳飞取出一份地图说："这是黄佐所绘制的洞庭湖要图，有关杨么的部署防御都很详细。"

　　张浚看了很久，说："现在敌军守扼据险，不好攻打。不如先休兵，等来年再商议镇压的事情。"

　　岳飞说："为什么等到来年呢？都督您如果能稍微等几天，您就看到我已经将敌军镇压了。"

　　张浚严肃地说："军中无戏言。镇压敌军不是儿戏！王躞讨贼两年，尚且不能成功，现在你却说几天就能镇压，这话我不信。"

　　岳飞说："王躞以官军攻水军，当然困难；我现在是以水军攻水军,当然容易。"

张浚没明白他说什么。岳飞又说:"投诚的起义军驻扎在君山,地势险阻,而且他们擅长水战,更是如虎添翼。如果没有向导,却想要用我之所短,攻彼之所长,这十分困难。假若招安敌人的将领,用自己的兵,夺取敌人的兵,然后离间他所带来的援军,使杨么陷于孤立,再进兵湖上,杀敌制胜,易如反掌。我预料,不出八天就可以成功。"

张浚虽然并不是很相信,但还是奏请朝廷将战事拖到六月上旬。

六月初二日,黄佐求见岳飞,禀报杨钦来投奔。

岳飞很高兴地说:"杨钦向来以骁勇著称,现在也来投降,天助我也,快快带他进来!"

岳飞很热情接待了杨钦,当日就奏请朝廷赐官武义大夫。杨钦深受感动。

第二天清晨,岳飞让杨钦再回湖中,招降其他人,论功行赏。杨钦欣然前往。

杨钦来到寨前就大声喊道:"岳元帅已杀上山来,如果愿意投降的,就出来迎接;不愿意的,就出来交战。"寨内的起义军听说岳飞大兵已经杀来,知道抵不过,就都弃械投降。

岳飞收到捷报，很快赶到了君山敌寨前，登山俯瞰，见无数的敌船，船下有轮，鼓水前进，两旁还设有撞竿，就明白了为什么官军长期无法取胜了。岳飞让手下的军士连夜砍伐山上大木，串成巨筏，塞布在港汊内，又命令采集腐木乱草，抛到上游，随流水漂下，再命令军士驾着小船，到敌船附近诱敌，将起义军的车舟引诱到进水的浅处。

诱敌成功，岳飞将士的小船赶忙往回逃退，起义军船争相追赶。待到水浅的地方，起义军的舟车不能移动半步，仿佛被胶水黏住了船底。他们哪里知道，这是腐木杂草塞住了船轮。

这时岳飞的大批战船四面杀来。起义军进退不得，不知道该怎么办了。这时候杨幺搭乘着艨艟巨舰前来助战。

岳飞的士兵人人持着牛皮盾牌，一边抵挡杨幺巨舰中打下的矢石，一边一起举着很大的木头向杨幺的座舰撞击，不一会儿就撞出好多窟窿，湖水便汩汩流入船里。

杨幺一看情况不妙，慌忙跳进湖里。不久，杨幺被牛皋擒送到岳飞的战船上。

起义军见首领被擒，都很惊慌，又听有人喊道"投降者可免去一死"的话，众起义军都投降了。岳飞命令牛皋收抚投降的起义军，自己带领着张宪、岳云冲入起义军的根据地。起义军关了寨门抗敌。岳云身先士卒,把寨门砸碎,岳家军一拥而进,占领了大寨。其他起义军首领黄诚、周伦、刘衡、夏诚等,也都一起跪地投降。

岳飞又一次迎来大捷。他一边命人把杨么的首级送往都督行府;一边选少壮有力的起义军编入军籍,老弱的起义军就发给米粮,让他们回乡耕田;一边又派人把起义军的大寨一把火烧了。

张浚得到捷报,一算时间刚好是八天,不禁赞叹道:"岳将军真是神算啊!"

平定了洞庭湖起义军,岳飞向朝廷奏捷,在立功官兵花名册上,岳飞把岳云的名字涂掉了。

黄机密请示说:"岳公子在此战中战绩十分突出,元帅为什么要把他的名字涂去?"

岳飞说:"如果我将他列入,恐怕会遭到非议,不能堵住天下人的嘴啊!"

黄机密道:"岳将军这么谦逊,然而这不有悖'内举不避亲,外举不避仇'的信条吗?"

岳飞说:"我求问心无愧就好。"

张浚知道这件事之后感叹地说:"岳将军对于嘉奖一向如

此,但是这样也不是很好啊!"于是奏明朝廷,镇压杨么的战役,岳云立有奇功,因为岳云是岳飞的儿子,没有在名册之上,请朝廷也授予奖励。

　　岳飞立下奇功,不到半年时间,迁升为检校少保,封开国公;其余封赏,岳飞一再谢绝。

第三章

兴师北伐

恢复中原指日可待

　　绍兴五年(1135年),岳飞镇压了杨么起义以后,又奉命屯兵武昌,防御伪齐刘豫的突袭,并伺机收复中原。由于收复失地希望大增,岳飞对于军队训练、军容整饬更加严格了。

　　转眼间已经是绍兴六年(1136年),高宗赏赐岳飞御札,勉励他收复失地。二月份,又命令岳飞兼营田大使,还拨发粮种耕牛。岳飞除号召流落外地的百姓返乡耕种外,还命令士兵在训练之余也加入耕作的行列,一时间军民中没有一个游手好闲的人。

　　三月二十六日,岳飞突然接到家信,老母逝世。这真是晴天霹雳,岳飞一连晕厥数次,终日以泪洗面,饭菜也没吃过。岳飞奏请朝廷请假,带领岳云连夜赶回江州奔丧,军务由张宪统带。

　　朝廷得到消息后,追赠岳飞母亲为周国夫人,赐葬德化县(属今江西九江)白鹤乡庐山之株岭山,并于赙赠常典外另加赠银一千两、绢一千匹,又命令鄂州地方官署协助办理所有丧葬事宜。

岳飞曾数次奏请朝廷要请三年守孝的假期，朝廷没有批准，让他厚葬母亲完毕就回归奉职。朝廷连番下诏催岳飞返回，他不得已回到襄阳。

岳飞、朝廷、宰相都把收复中原当成首要任务，因此，岳飞回到襄阳就开始准备收复事宜。

八月，岳飞先后遣王贵、郝政、董先攻打卢氏（今河南卢氏县），破城，得到军粮十五万石，收降数万兵。岳飞又派杨再兴收复西京（今河南洛阳）的长水县，杀死伪都统孙某、伪后军统制满在，俘获伪齐所留下的一万多匹马，数十万石刍粟（军马粮草），中原大为震动。

右相张浚奏请高宗移跸建康，抚定三军，作收复失地的打算。高宗同意这个建议，就在建康建立行营。秦桧为行营留守，参决尚书省、枢密院事。

九月，伪齐刘豫看到张浚有讨伐的迹象，慌忙向金朝求援。金朝皇帝召集将相商讨是否派兵协防。大臣蒲卢虎反对，所持的理由是："先帝之所以立刘豫，为的是开疆保境，用来安民息兵。现在，刘豫进不能取，又不能守，兵连祸结。如果答应救援，派兵协助，即使胜了，只能是刘豫收到利益；败了，金朝全国会受到牵连。"其他大臣也没有异议,金朝皇帝就拒绝了刘豫的请求,只派兀术到黎阳(今河南浚县)观察。

刘豫见金朝拒绝发兵,为求自保,就先发制人。正如兵法说的一样,进攻才是最佳的防守,于是,刘豫就调集各地乡兵,大约三十万,却宣称七十万,分三路南侵。刘豫侄子刘猊率东路兵,由紫荆山出涡口,入侵定远(今安徽定远);刘豫儿子刘麟率中路军,由寿春(今安徽寿县)进犯合肥;孔彦舟率西路军,由光州(今河南潢川)侵犯六安。刘豫还写了许多诽谤宋朝的文榜,随军张贴。

高宗看完文榜,不禁气得浑身发抖,心想宋朝大将中只有岳飞明白主辱臣死的意义,就让岳飞去征战伪齐。

岳飞这时候正为眼病感到苦恼。岳飞从破曹成到平定杨么,前后六年,都在盛夏行军,天气炎热,导致眼睛生病,却又不能休息;加上为母亲去世哭泣过度,眼病更加严重,平时常用帘子遮挡阳光,很是痛楚。于是,岳飞就奏请朝廷给假休养。

伪齐三路进兵,情况紧急。宋朝大将刘光世打算弃掉合肥,大将张俊也打算弃掉盱眙,同时奏请朝廷让岳飞率部队东下牵制敌军,自己能得以退军自保。高宗听到这件事,立即下诏书给张俊,警告他不要退军自保,现在的事情有进无退,否则国家养兵做什么用呢!

但是,刘光世却已经由合肥退到采石(在今安徽当涂县东北)。高宗下令:凡是不打算迎敌的,军法处置。刘光世不得已,只好再回军迎战。

不过,高宗考虑到刘光世、张俊难当重任,又诏令岳飞从鄂州全军东下池州阻击敌人。

岳飞奉诏,立刻抽调襄阳等处的军马会合,让本郡的人马先出发。高宗知道岳飞有眼病的消息后,特派医官前往医治。

十月初十日,刘猊所率东路兵与杨沂中的军队相遇,被杨沂中杀败,想要逃往合肥,会合刘麟,再行南下。刘猊军队到达藕塘,又遇上杨沂中的大军,再次被杀得大败溃退。刘麟与孔彦舟两路军队听说刘猊溃败,也分别解围而去。

高宗见伪齐兵马已经溃退,不需岳飞再东下会师,就诏告岳飞,如果军队还没起程,就马上停止。这时岳飞已进军江州,接到圣命就返回了鄂州。

伪齐刘豫失败了,受到了兀术的斥责,心里很害怕,又觊觎唐州、邓州,想挽回颓势,就在唐州北边的何家寨设置镇汝军,屯兵聚粮,做进犯唐州的准备。

岳飞接到消息,清楚了敌人的图谋,为了不让敌人有可乘之机，立刻派王贵、董先等率兵进击，加以摧毁。

岳家军不同于其他军队，岳飞对部队只要下命，就不准一个人滞后，军队绝对服从长官的意图与命令。

王贵军队抵达，依山为阵，伪齐的"五大王"刘复率领十倍的军马过来袭击，被王贵杀得大败，尸横遍野，刘复侥幸逃脱。王贵占领镇汝军，搬取伪齐所囤的粮草，点火烧了营寨。

伪齐都统薛亨率领十万军马过来救援，王贵严阵以待。两军相遇，王贵假装战败，却令部将冯赛以精骑兵悄悄绕到伪军背后。王贵一声号令，回军夹击。薛亨正要奋力硬拼，不料后队发起喊来，才知道已经陷入包围，一时心慌，左右冲突，总杀不出一条路来，最后只有弃械投降。此战擒获了伪都统薛亨、伪河南府中军统制郭德等七人，杀败一万多敌兵，并追袭余党到了蔡州。

岳飞奏请朝廷，计划一举收复蔡州，就可以很容易恢复中原之地。朝廷认为伪齐也许有重兵援助，如果孤军深入，怕有不利，没有同意。没办法，岳飞就让王贵返回驻扎。

伪齐兵得到王贵回军的消息，就由李成率领刘复、孔彦舟、李序、王大节等将领一起阻击，结果再被王贵军队杀得大败，王贵军队又追击五里多地才收兵。

这一年的年终,岳飞奉诏出师襄汉,以加强防御。大雪凛冽,岳飞的眼病虽然稍微好了一点,却不肯休息,与士兵同甘共苦。

此时,朝廷的两个相国都是主战派,右相张浚较为急躁偏狭,左相赵鼎则比较老成持重,因此在政策执行上有了分歧。张浚主持乘胜攻打河南,擒伪齐刘豫;赵鼎以为刘豫原是金方傀儡,灭了刘豫,担心金兵入侵,如果金兵入侵,没办法抵御。张浚觉得刘光世骄奢懦弱,应免除帅职;赵鼎以为刘光世帐下将校多出于名门,如果罢免了刘光世,恐怕会招致部队的动荡。张浚请高宗巡幸建康,赵鼎则觉得此时巡幸恐怕不太方便。张浚因为赵鼎屡次与自己对立,极为不满,于是奏请罢免赵鼎的相职。

此时秦桧已经重新获得起用,留守建康,而且对右相张浚很恭敬,得到了张浚的信赖,后来又拜官枢密使。秦桧事事都请示张浚,以张浚的好恶去办事。

绍兴七年(1137年)二月,高宗任命岳飞为太尉,接着任命他为宣抚使兼营田大使。不久,岳飞跟随高宗来到建康,高宗让刘光世的部将王德、郦琼听命于岳飞。

岳飞认为机不可失,就趁着现在还留在建康,上疏说明恢

复中原的大计。上疏中是这么说的:

> 金人之所以在河南扶植刘豫,大概是企图利用他来
> 残害中原,即用中原人攻打中原人,粘罕因此而可以休整
> 兵马,寻机进攻。
>
> 希望陛下给予我一些时日,我有机会就率领军队直
> 趋汴京、洛阳,占据河阳、陕府、潼关,以此号召五路叛将
> 来归。叛将归顺后,就可以派遣官军前进,敌人必定会放
> 弃汴京而逃往河北,京畿、陕右地区可以全部收复。
>
> 然后分兵进攻浚州、滑州,收复两河地区,这样刘豫
> 就可以擒获,金人可以消灭。
>
> 国家长久之计,确实在于这一举动。

高宗回答说:"有你这样的大臣,我还有什么可忧虑的!
进退的机宜由你把握,我不从中干预。"又把岳飞召到寝宫对
他说:"中兴的大事,全部委托给你了。"命令他管辖光州。

张浚后悔不听信岳飞

绍兴七年（1137年）夏，岳飞正在计划大举北伐之时，恰逢秦桧主持议和，于是把王德、郦琼的军队归属权从岳飞手中拿走了。

朝廷诏令岳飞到都督府同右相张浚商议军事。于是，岳飞前往拜见张浚。

张浚说："王德久在淮西，淮西军必然敬服。我想任他为都统制，以郦琼为他的副手，再由吕祉以都督府参谋名义予以统领。您觉得怎么样？"

岳飞说："王德与郦琼平日不和睦，如今一旦使王德位居郦琼之上，郦琼必定不服，那么就会发生意气之争。至于吕祉，终究是一个书生，不熟悉军队的事情，恐怕难以服众。"

张浚说："那你说怎么办呢？"

岳飞说："恐怕需要在大将中选择可以胜任的人。"

张浚又问："你觉得张宗元怎么样？"

岳飞沉思一会儿说："张宗元曾是我的旧日长官。张宗元虽然是国家老将，只是平日为人暴躁寡谋，估计不是很合适。"

张浚已经面露不悦之色，缓缓说："杨沂中是后起之秀，你应当没有意见了吧？"

岳飞说："杨沂中与王德差不多，又怎么能统驭这支军队？"

张浚脸色变得很难看，冷笑着说："我明白了，在你看来，除了你之外，再没有人能统率这支队伍了。"

岳飞说："都督您以军国大事问我，我岳飞能不如实禀告吗？都督您反认为我想做统帅，这实在是对我的误解！"

岳飞立刻上奏折请求解除兵权，让张宪暂管军中事务，自己回到母亲的坟墓旁守孝去了。

张浚认为岳飞是诚心作对，就上疏说岳飞处心积虑，想要合并刘光世军队。张浚一边让张宗元任宣抚判官，监管岳飞军队，一边又指令王德为淮西都统制，郦琼为副手，另派吕祉前往庐州节制。

王德等人刚一上任，郦琼就给他难堪，吕祉既不能调和，又不能左右偏袒，只有返回原地了。王德、郦琼各自列状互相诋毁，请求都督府主持公道。张浚没有办法，就将王德召回建康，让军队暂时隶属于都督府。

八月初,张浚让吕祉去会合郦琼。郦琼见吕祉又来了,就向他诉说自己被张浚冷落。吕祉安慰郦琼说:"张丞相为人大度,如果您能够阵前立功,即使大过也不计较,何况这些小的事情呢! 请放心,我会为你说话的,保你们没事。"郦琼等人听吕祉说完也都深为感动,军中一片和谐。

吕祉一番话安抚了郦琼等人,却始终认为郦琼难以制服,就奏请罢免其兵权。不料此事却被书吏泄露给了郦琼,所以郦琼途中截获了奏疏,看完之后一腔怒火无处发泄,心中对吕祉咬牙切齿。恰巧此时,朝廷命令张俊为淮西宣抚使,宣抚司设在盱眙;杨沂中为淮西制置使,刘锜为副,制置司设在庐州,召郦琼前往。郦琼十分紧张,于是决定叛变。

第二天清晨,众将领都来拜见吕祉,郦琼从袖中取出吕祉的奏章,给中军统制张璟看了,说:"我不知道我们有什么罪,吕参谋你却无端诬蔑,奏请朝廷,实在令人不解!"

吕祉见秘密泄露,就想回到内堂,却被郦琼抢上一步,如同老鹰捉小鸡般握住吕祉两手,让人绑了。

张璟上前劝阻说:"凡事总可商量,怎么能绑了朝廷命官呢?"

郦琼厉声道:"朝廷如此糊涂,只听信奸人的谗言,我还留做什么呢？你们如果不想死,就随我投奔齐王去!"

张璟呵斥他说:"你想造反吗!"

郦琼笑着说:"什么是造反? '良禽择木而栖,贤臣择主而事。'识时务者为俊杰。"

这时兵马钤辖乔仲福、统制官刘永衡等人齐声说:"乱臣贼子,人人得而诛之。我们岂能让你张狂呢!"

话刚说完,郦琼拔出剑来,指挥手下军士来杀乔仲福等人。张璟、乔仲福等人也拔剑在手。双方一阵混战,张璟数人毕竟寡不敌众,尽数被杀。

郦琼率领着四万多人的军队,挟持着吕祉向北投奔刘豫去了。到了三塔,距淮河仅三十里,吕祉下马不走了,他说:"刘豫是叛国之贼,我怎么能见他!"

众人逼迫吕祉上马,吕祉哪里肯依,说:"我要是死,就死在这里。"

郦琼没想置吕祉于死地,然而吕祉又大声呼喊:"刘豫是叛逆之臣,众所周知,你们当中怎么能没有英雄呢,怎么可以追随他去做叛国之贼呢?"这番话确实打动了不少人,有一千多人也不肯向前走了。

郦琼怕吕祉继续动摇军心,拔剑刺死了吕祉。众人无奈,只有跟随着渡过了淮河,投奔刘豫去了。

郦琼率大军投奔刘豫,使朝廷内外深受震动。

张浚现在才后悔没有听信岳飞的话,以致发生这种变动,于是他打算引咎辞职。

高宗问他说:"那谁能担当你这职位呢?秦桧能够继任吗?"

张浚答道:"臣以前以为秦桧是不可多得的治世人才,最近与他共事,才知道他不能担当重任。"

高宗又问:"我想再度起用赵鼎怎么样?"

张浚拜倒说:"陛下英明。"

高宗立刻下诏任命赵鼎为尚书左仆射兼枢密使,任命张浚为观文殿学士,提举江州太平兴国宫,撤除了都督府。

秦桧本以为张浚必定会荐举自己继任,没想到张浚不但没有荐举,而且还加以阻拦,内心极为愤怒,就私下唆使言官弹劾张浚。

高宗本就是个无恩寡义的人,听了言官的劾奏,又被这些谗言迷惑,就打算让张浚去边远州郡守备。

赵鼎劝阻说:"张浚的老母亲年纪大了,而且他还有救驾的功劳。"

高宗不高兴地说："功与罪怎么能相提并论呢？朕知道，有功当赏，有罪当罚。"

高宗没有听从赵鼎的劝告，下旨贬谪张浚去了岭南。赵鼎拿着圣旨不下殿，并约了同僚共同奏请高宗不要将张浚贬谪，高宗还是不肯。

赵鼎冒死进谏，其他大臣也替张浚说情，高宗只好将张浚降职为秘书少监，居住永州。

秦桧听说张浚因为赵鼎他们的劝阻而没有被贬谪，心里悻悻不乐，决定要找机会出出这口恶气。

伪齐刘豫被废

岳飞自从在都督府受了张浚的误解与枉屈，立刻奏请朝廷解除兵权，打算在逝去的母亲墓前守孝。朝廷一再不准，岳飞一再恳辞。后来，高宗知道事情的原委之后，好心劝慰岳飞，让他返回军营。

郦琼全军投敌，这对宋朝来说是一次不小的打击。但是，高宗不想越河攻打，只想保住现在的地盘。高宗苦思冥想，不知道该怎么办。最后,高宗想起岳飞与郦琼是同乡,或许可以将郦琼劝服,就诏令岳飞去说服郦琼:如果他能全军归还,就不咎既往,还要优授官爵,而且他的田产也会派人妥善管理。

岳飞跟郦琼很熟,郦琼原是草莽出身,后被刘光世招降,虽然有一身武功,但是为人反复无常,而且他投降伪齐后,被授予了静难军节度使的官职,赏赐丰厚,他怎么能接受朝廷的空口承诺呢?为今之计,招归郦琼并不要紧,如果能趁机讨灭伪刘,却是个很不错的计策。

岳飞奏请朝廷全军进驻淮西,平时可保卫都城,一旦有情况就可立即迎击,将之摧毁。但是,朝廷却以上游重要为理由,让岳飞只驻军江州,以便做淮、浙两地的支援。

高宗虽然不允岳飞进讨伪齐,却让他招谕伪齐亲党及官吏过来投奔,赏赐优厚。岳飞奉诏,立刻写了一个檄文交给伪齐。岳飞所作的檄文,慷慨激昂,掷地有声,他号召伪齐亲党归降。檄文是这么写的:

> 倘能开门纳款,肉袒迎降,或愿倒戈以前驱,或列壶浆而在道,自应悉仍旧贯,不改职业,尽除戎索,咸用汉条。如执迷不悟,甘为叛人,嗾桀犬以吠尧,罾猎师而奥虎,议当躬行天罚,玉石俱焚,祸并宗亲,辱及父祖,挂今

日之逆党,连千载之恶名。顺逆两途,蚤宜择处,兵戈既

逼,虽悔何及!

这个檄文传到伪齐,伪齐朝廷上下皆为震动,而刘豫更是
惊恐。此时,刘豫请求金朝立刘麟为太子,金朝皇帝批示立伪
齐太子的事情等商议之后再说。刘豫知道金朝皇帝对自己的
"国家"完全置之不理了,只能盼望粘罕能在金朝皇帝面前美
言。等到粘罕病死了,刘豫感到前途一片黯淡,心想,如今的
求生之道,只有南侵打一场胜仗,因此就不断派使者请求金朝
皇帝派兵联合入侵宋朝。

金朝皇帝也就将计就计,在太原建立元帅府,将刘豫军队
完全纳入编制。另派束拔为左都监,屯兵太原;挞不野为右都
监,屯兵河间,并在陈、蔡、汝、亳、颍、许诸州郡派军戍守。

岳飞获得情报,觉得这是废刘豫的最佳时机;如果没有废
掉他,也可以使他们双方发生猜忌。刘豫原本是得到挞懒、粘
罕的帮助才拥有目前的势力的,而兀术、粘罕不和。如今要废
除刘豫,主要手段就是兀术。

绍兴七年(1137年)十月,有情报说兀术、刘豫分兵自清
河(今江苏淮阴)南侵。高宗命令岳飞严加戒备。

不久,巡逻军士逮到一名兀术派遣的间谍。岳飞得到消息后欣喜地说:"这次能够完成我的计划了。"

岳飞假装喝醉酒,金朝的间谍被带进来,守卫禀报说:"已经被确证为金方的间谍,依律当斩。"

岳飞醉眼蒙眬地注视这间谍很久才说:"你不是我军中的张斌吗?"

这个间谍一心只求活命,便假装答应了。

岳飞将间谍进入私室,责备地说:"以前我派你带着蜡书去见齐帝,约他设法诱致兀术,将他除去,而你却一去不返。刚又派人去问齐帝,回复说:今年冬天以会合入侵宋朝为名,已将兀术引到清河,而且还回书让你带回来。你带来的回书呢?"

这个间谍只好含含糊糊地混了过去。

岳飞也不再问,只重修书一封,讲明与齐共谋诛杀兀术的事,然后把书信制成蜡丸,交给这个间谍,并警告他道:"上次你没能完成任务,本该处死,念你是齐帝亲信,就先记下。这次你带着这封书,问齐帝举兵的明确日期。可不要误了大事!"说完,又叫黄机密给他赏赐,再三叮咛,千万不可泄露了机密。

这个间谍只求保命，生怕岳飞酒醒，认出他不是张斌，必遭杀身之祸，就连连应声，匆忙离去。

间谍刚脱身离开宋营，暗自庆幸岳飞这次喝醉酒，否则必难活命。他一路急奔，来到兀术营中，把蜡书呈上。

兀术用刀剖开蜡书，读完大惊失色，即刻转回汴京，奏明金朝皇帝终止清河军事，并有废黜刘豫的意思。

正好尚书省也上了奏章说，刘豫庸碌无能、治国无方，河南百姓无不怨声载道。金朝皇帝废黜刘豫之意已决，但害怕突然宣布会引起反抗，就派兀术、挞懒率师南下，假装南侵，然后突然袭击汴京，将刘豫擒伏。

兀术等将领进军武城（今山东武城），由哈迷蚩前往，让守城的刘麟过河议事。因为刘麟握有兵权，如果不把他拿下，在突袭时必有一番激战，所以由军师哈迷蚩亲往召唤，到时可以随机应变。

刘麟见军师亲自前往，认为是兀术的特别礼遇，就只带了两百名亲兵，欣然前往。

到了武城，兀术已列队在城外相候。刘麟受宠若惊，慌忙滚下马来。谁知道兀术却突然指挥士兵把刘麟和他的两百名亲兵团团围住。刘麟还没来得及挣扎，金朝的士兵个个如虎似狼,顷刻间便都把他们捆了个结结实实。

刘麟说自己无罪。兀术冷笑说:"你父亲私通岳飞,怎么能说无罪!"

刘麟叫屈:"我父子对大金皇帝忠心,说我们私通岳飞又有什么凭证?"

兀术说:"等见了刘豫,自然会叫你父子死而无怨!"就令士兵分别把刘麟和他的亲兵绑在马上,赶往汴京。

抵达汴京,由挞懒率兵暂时屯扎在东华门外,兀术则带领三名骁将去见刘豫。当时,刘豫正在讲武功、射击,兀术就派人叫他出来。

刘豫见兀术突然来到汴京,心中难免狐疑,却未想及会对自己不利,匆匆走出讲武殿。

兀术上前一步,紧紧抓住刘豫双手,一起走到早已备妥的一匹瘦弱老马前,强迫刘豫坐上,由士兵左右扶持,抵达金明池,将他软禁起来。

第二天清晨,兀术集合伪官,宣读金朝皇帝的诏书,废刘豫为蜀王,并用所带的士兵把刘豫所居伪宫团团围住,然后宣布在汴京成立行台尚书省,由张孝纯暂时担任行台左丞相,胡沙虎为汴京留守,李俦为副留守。所有伪齐士兵,一概解散返乡为农。一时汴京城内谣言四起，人心惶惶。

哈迷蚩建议兀术迅速安定民心，兀术就找人散布消息说，少帝（钦宗）已回到汴京。城内百姓奔走相告，欣喜之情难以表达，民心也逐渐安定。

刘豫突然听到自己被废，犹同五雷轰顶，忙跪地哀求金朝两帅设法收回成命。

挞懒斥责刘豫说："当年赵氏少帝（指钦宗）出京，百姓沿街哭泣。现在你被废，却没有一个人怜悯。你还不应该好好反省自责吗？"刘豫顿时说不出话来。

年底，挞懒等人打算带着刘豫北归，问他想住在哪里。

刘豫表示，如果能准许住在相州的魏王宅邸，就足够了。"这很好办。"挞懒虽然是这么答应了，但到了相州却未停留，立刻继续北上到燕山府，然后经中京（今河北平泉东北），抵达上京（今黑龙江哈尔滨市阿城区），一起住进城内的夫子庙。

上京原本是辽国的都城，金兵攻破了上京，将上京官民屠戮，上京几乎成了一座空城。其后陆续把罪犯往这边迁徙，后来上京就被人认为是座罪人城。

刘豫在伪位上一共当了八年零两个月的伪皇帝。他被废黜后还是被封为伪王，但行动受到限制，形同阶下囚。

秦桧力促议和

　　钦宗靖康年间,金兵长驱直入,夺取了中原,但对防守辽阔中原总是力不从心,因此才先立伪楚张邦昌,后立伪齐刘豫,希望能以中原制中原。

　　绍兴七年(1137年),刘豫被金朝皇帝废掉,解散了伪齐,两河的志士多有乘机复兴之意。岳飞认为这是天赐良机,就奏请高宗,攻其不备,长驱直入,恢复中原。岳飞的奏章到了枢密使秦桧手中,秦桧就押着不报。

　　这时,岳飞驻守襄汉,张浚驻淮西,韩世忠屯镇江,全都严阵以待,待命挥师北上。

　　挞懒建议金朝皇帝,此时应以议和为上策,否则宋军进兵中原,很难防守。金朝皇帝询问兀术,兀术一向是主战,其军师哈迷蚩倒是赞同挞懒现阶段的和谈主张。哈迷蚩认为,目前求战无必胜把握,谈和则可得到战场上难以达到的战果,却又不需动一兵一卒,正可休养生息。经过哈迷蚩一番解析,兀术才勉强同意。于是,挞懒将去年二月赴金迎奉徽宗梓宫(皇帝或皇后的棺材）的王伦遣送回宋朝，说明金方谈和的条件。

王伦还没回国，秦桧就已经得到消息，暗地里高兴地想："我可算有出头之日了。"秦桧了解高宗昏庸软弱，只求一时的安定，惧怕战争，但在赵鼎、张浚、韩世忠、岳飞等坚决主战的将相压力下，又不能不表现出恢复国土的态度。只要有了确切的和谈条件，便可突破高宗的这一心障。于是，秦桧到高宗的寝宫求见。

高宗召见秦桧说："卿家来得正好，可曾听到金朝有意谈和的消息？"

秦桧说："我正要把此事报告给陛下。"

高宗叹道："如果真能休兵，就可以养民生息了。只怕其他大将阻拦。"

秦桧道："他们之所以要过河收复失地，只在他们沽名钓誉，哗众取宠，却没有为陛下设想。试想，如果前朝皇帝返朝，那么将把陛下放在哪里呢？"

高宗顿时心里仿佛想通了一件事似的，立刻有了决定。

这年冬天，王伦从金朝返回建康，高宗立刻召见，看看和谈的可行性。

王伦奏称，金人答允送还上皇梓宫、太后，并有意将所占领之河南州郡归还。挞懒送别时,曾殷勤嘱咐说:"还回你们河南的州郡,从今而后道路已无阻拦,议和可成。"

高宗欣喜说:"如果金人真能做到这些,其余一切就不计较了。"就又派王伦去金朝迎接使者。

绍兴八年(1138 年)三月初六日,朝廷突然起用秦桧为尚书右仆射,同平章事,兼枢密使。

五月末,王伦偕同金朝使者回到建康,说明了金朝除送还徽宗梓宫、韦太后外,还将废齐所有的陕西、河南州郡送还给宋朝。

金使马上就到,朝廷命令吏部侍郎魏矼代表接待。魏矼面见秦桧,说尽了议和的不是、敌人的不可信赖。秦桧不肯听劝,但是魏矼还是劝阻,秦桧很生气,就换别人去接待使者。秦桧虽然知道高宗迫切求和,但是怕高宗听信其他大臣的劝阻而改变初衷,使他前功尽弃,因此,要达成议和,必须坚定高宗对议和的决心。所以,当王伦初同金朝使者带来议和消息时,高宗便与赵鼎、秦桧商讨利弊。

赵鼎坚持不可讲和,认为敌人志不在讲和,而在缓兵。高宗不以为然。等赵鼎退朝以后,秦桧单独留下,反复表明议和有百利无一害,认为现在议和是由敌人首先提出,更是千载难逢的机会,何况不仅送还梓宫、太后,而且主动归还失地,这实在是即使动员百万大军也不能达成目的的机会。高宗更觉得秦桧说的话很有道理了。

秦桧出去后,高宗确实反复思考过,认为议和可有三项大利:第一,可迎还父皇梓宫、母后;第二,可收复河南失地;第三,虽不足为外人道,却事关切身利害,如果不接受议和,金人送还钦宗在汴京复位,这样他的江南半壁江山难保。

三天之后,群臣退朝后秦桧又独自留下。高宗对秦桧说:"议和的事就如你所说吧! 朕意已决。"

秦桧取出已经拟好的文字,请高宗决断,并不准群臣干预,高宗看完议和的文字,欣然采纳。

左相赵鼎坚持异议,斥责议和的坏处,高宗就罢了他的相职,让他去守备绍兴府。这是绍兴八年(1138 年)七月二十一日的事。秦桧终于运用权术,排除了他大权独揽的最后阻碍。

岳飞见朝廷紧锣密鼓地进行议和,内心感到十分失望。他收复失地、迎回二圣的抱负越来越渺茫。他觉得既然不能实现理想与抱负,倒不如退隐,过一些清闲日子。因此,他连上四章,请求免除现职,解甲归田。高宗降诏不准,让他与韩世忠、张浚等前来建康议事。

七月下旬，岳飞抵达临安觐见高宗。高宗详尽说了议和的好处。岳飞却痛陈议和的害处，说议和会打击民心士气，而且敌人的议和只是一时之计，难以持久。高宗听后沉默不语。

八月二十四日，金朝派张通古、萧哲为江南诏谕使来到临安。金朝使者趾高气扬，要所过州郡用臣子礼出来迎接。

高宗虽然想议和，但受到这种屈辱，也十分不悦，就诏令侍从让大臣开始进谏。

于是，朝中大臣中的数十人都进谏说，这种受屈辱的事情，实在不能接受。枢密院编修胡铨上疏，要求斩了秦桧、孙近、王伦，文辞慷慨，气势磅礴，掷地有声，洋洋千言，其中有如：

> 愿断三人头，竿之藁街。然后羁留虏使，责以无礼，徐兴问罪之师，则三军之士，不战而气自倍。不然，臣有赴东海而死尔，宁能处小朝廷求活耶！

金人得知这份上疏后，曾出千金求其副本。

秦桧怎么能让胡铨如此指责谩骂呢？就以"狂妄凶悖，鼓众劫持"的罪名，下诏将他除名，去管理边远州郡去了。

尽管满朝文武官员大部分都反对，但这难以改变高宗与秦桧议和的决心，于是让王伦拿着议定的文书带着张通古等使者返回金朝。

年底,张通古再次来宋朝,要与高宗分庭抗礼,并要高宗向北拜受金朝皇帝的诏命。这种事情并不是高宗所能忍受的,最后议定由秦桧以宰相身份代受国书。

绍兴九年(1139年)正月初五,高宗与金朝的议和达成:只要金人还回河南伪齐的土地,宋朝就下诏大赦。

高宗手谕岳飞整顿边防

议和已经达成,虽然对金朝皇帝称臣是一件受尽屈辱的事,但高宗还是颁令大赦天下。三大帅(韩世忠、岳飞、张俊)也各官升一级。

绍兴九年(1139年)正月十一,高宗特授岳飞"开府仪同三司"。这是朝廷给予大臣的最高荣誉。岳飞连上四章想辞去"开府":

> 今日之事,可危而不可安;可忧而不可贺;可训兵饬士,谨备不虞,而不可论功行赏,取笑敌人。

高宗三次诏令岳飞,他都不接受。高宗温和地奖励劝谕,岳飞才接受。

三月中旬,朝廷派王伦为割地使兼汴京留守。兀术奉命交割了地界,割还了汴京、西京、南京、寿春府、宿州、亳州、曹州、单州,以及陕西、京西诸州之地。兀术渡河北归,暂时在河北大名府设行台。

岳飞总觉得金人主动许和,其中必有阴谋,虽然割还了河南州郡,如果没有重兵防守,敌人随时毁约,就可以再度将其夺取。齐安郡王赵士儇、兵部侍郎张焘前去拜望先帝的陵墓,岳飞奏请朝廷准许他随同拜谒,他实际上是想了解敌人的阴谋所在。

秦桧借着议和的契机独揽大权,不可能随意让岳飞去破坏。于是,秦桧就以河南新复、各州郡正在等待整顿为由奏请高宗,不允许岳飞的行动。

此时的高宗心理极为矛盾,虽然对于向金朝皇帝称臣感到屈辱,但更怕议和受到破坏。为此,高宗亲自手谕岳飞要整顿边防,观察一切细小的细节。这也说明高宗对于宋金关系实在是谨慎小心、用心良苦,连对三省(中书、门下、尚书)、枢密院都不敢相信。

高宗既要用众将当作自己的爪牙,用来巩固政权,又怕他们不听约束,脱缰而去。偏偏岳飞随时随地都表示,要收疆复土,高宗没有办法直接告诉他这里面的是非,就只有严予约束他不得任意作为,必须听命诏谕再行事。高宗怕的是自己皇位不保,只是不便跟岳飞直说。

其实,岳飞不但忠于宋廷,对高宗也是忠心不二。高宗对岳飞的不断提拔,更使他感激涕零。岳飞觉得这并不是论功行赏,而是皇帝的恩赐。如何报答高宗的知遇之恩,是岳飞时刻难以忘怀的。

高宗即位后,仅仅生了一个儿子,被立为太子,却于建炎三年(1129年)病死,死时才三岁,时年高宗二十二岁。当时有一个仙井监的乡贡进士李时雨,曾上书奏请朝廷选立宗子继位太子,安定人心。高宗十分震怒,立刻将他查办。建炎四年(1130年),宰相范宗尹也进谏请求建立储位,第二年范宗尹就被免去相职。赵鼎再度为相之时,见储位长久空着,也曾请高宗立皇太子,而秦桧却趁机谗陷说:"赵丞相想要立太子,意思是说陛下终必无后代。"赵鼎后来也获罪。让高宗永不能忘的是建炎三年,苗傅、刘正彦叛乱,大臣们逼迫高宗让位给三岁的太子,虽然叛乱不久被平,高宗复位,但只要是武将干预政事,尤其是干预皇室的内部事务,便无时无刻不让高宗有杯弓蛇影的恐惧。

兀术大举南侵

兀术无奈地从汴京撤退到大名,对于割地议和一事非常不满,因此趁着北归议事的时候密奏金朝皇帝说:"此次的议和,虽然让宋帝被迫称臣,但是损失了河南数十州郡,这实在不是良策。这件事是由挞懒、蒲卢虎二人共同完成的,虽然议和要让步,但是没有割地的道理,两人必定与宋国私下勾结,不利于我朝。现在,宋国使者已经到了汴京,千万不要让他过界。"

金朝皇帝说,割地议和的事情很突然,但是挞懒等说得确实言之有理,所以没有阻拦。现在经过兀术的奏明,金朝皇帝不由得非常气愤,就让兀术查明并处理。

兀术以谋叛为理由,先后诛杀了蒲卢虎、挞懒,从此独揽大权,完全废除挞懒与宋朝的息战政策,厉兵秣马,准备南侵。

两国相安无事,维持到绍兴十年(1140年)四月。岳飞突然接到高宗的手诏说,根据近来情报显示,敌人似有南侵的征兆,特别让岳飞严加戒备,以免敌人乘虚而入。

五月,兀术果然与大将完颜撒离喝分路大举南侵,兀术自黎阳进攻河南,撒离喝自河中(今山西永济)直逼陕西。一时间势如破竹,所过的州郡纷纷投降。河南的州郡,宋朝还没接收完毕,又全部沦陷到敌人手里。撒离喝一路进攻,抵达凤翔。

金人背叛盟约被岳飞说中,高宗才知道岳飞料敌如神,所以再次诏告岳飞:因为金人不守诺言,这正是将领竭忠尽智、力图大计的好时候,无论是阵前对敌或是结约招降,都可随机而行,如果有重要的事宜,再向朝廷奏请。

岳飞接到御札,内心无比振奋:由于敌人撕毁和约,高宗似乎从议和的迷梦中惊醒,这正是他杀敌报国、施展抱负的大好良机。

这时,刘锜守顺昌(今安徽阜阳),金兵南下,刘锜首当其冲,虽然打了几场胜仗,但还是向朝廷告急。朝廷命令岳飞迅速出兵援助。岳飞立刻派张宪等前去增援。

高宗赐给岳飞亲笔信说:"同金军作战的方略,全部委托给你处置,我不从朝廷进行遥控。"

六月下旬,岳飞谋划部署妥当,分派王贵、牛皋、董先、杨再兴、孟邦杰、李宝等人,分别进攻西京、汝州、郑州、颍昌、陈州、曹州、光州、蔡州等地;又命令梁兴渡过黄河,绕到敌人后方,号召各地忠义之士响应会合,攻取河东、河北各州县;又派兵东去援助刘锜,西去援助郭浩;自己率领主力长驱北进以虎视中原。

众将领临行之前,岳飞慷慨激昂地对他们说,国家能否中兴,个人能否名垂青史,全在这次战役,并要他们回家与妻子道别,约定好河北平定后渡河相见,用来表明此行的决心。随后大军就进行大誓师,进兵蔡州,一鼓作气攻破州城。

闰六月十九日,张宪进兵颍昌(今河南许昌),大败金将韩常,收复颍昌;后又转攻陈州(今河南淮阳),擒俘守将王太保,陈州也告光复。不久,杨成收复郑州,刘政收复中牟(今河南中牟)。七月初一日,郝晸等将领收复西京,杨遇收复南城军。岳家军已由西路直逼汴京。河南兵马钤辖李兴也集结了地方的武力,先后收复了伊阳(今河南汝阳)等八县和东边的汝州。

捷报频频传到临安,朝臣都笑逐颜开,唯独秦桧为此担忧。后来,韩世忠又收复了海州(今江苏东海)、张俊部将王德收复亳州,金朝上下都大为震动。

兀术派人拿着蜡书秘密送交秦桧,责备他忘恩负义。秦桧此时正为金人背叛盟约的事情内心不安,生怕高宗责怪他,也曾派大臣冯楫探听。冯楫上奏高宗:"金人长驱进犯,国家危难,不如起用张俊,交给他兵权,让他统军迎敌。"高宗说:"宁可国家亡了,我也不再用他。"

秦桧听到后暗自欣喜,又唆使中丞王次翁诬陷弹劾赵鼎,赵鼎再度被贬为清远军节度副使,安置在潮州(今广东潮州)。秦桧认为王次翁这人可以成为自己人,就把他纳为参知政事。

秦桧为了表示对金人有所报效,就重新提倡议和,并派人示意岳飞不可轻进。但是,秦桧的命令没有作用,岳飞不会坐失良机。岳飞一路冲杀,后来大军屯扎在颖昌,他命令各个将领各自为战,自己率领轻骑兵进驻郾城,兵势十分强盛,锐不可当。

兀术从汴京南下,一路没有遇到阻碍,没想到却被岳飞一军杀得无以招架,不由惧恨交集,召集部属,准备动员精锐拼死一战——只要杀退了岳飞,他再没有什么可以畏惧的了。

这时正好高宗派特使送来御札,告诉岳飞,据情报称,兀术与龙虎大王等议定,准备在汴京附近引诱宋朝军队,拼死一战。让岳飞扎稳阵脚，不要因为引诱而掉入敌人诡计之中。一有可乘之机，再约定其他部队合力进攻。

岳飞告诉特使说："兀术现在黔驴技穷。我一定能够消灭敌人。请特使回奏皇上，保无他虞。"

送走特使，岳飞每天都令游骑骂阵挑战。兀术没有受过这样的侮辱，非常气愤，就会集了龙虎大王、盖天大王、伪昭武大将韩常等军队进逼郾城。

大破兀术的"拐子马"

绍兴十年（1140 年）七月初八日，岳飞命岳云率领背嵬军、游奕军（巡逻兵）出战，并对岳云下令说："你们一定要取得胜利再回来。如果没有胜利，先斩了你示众！"

岳云自十三岁从军，重要的战役都参加了，每次都是奋不顾身，勇冠三军，即使身体被伤到了，也不轻易退回来。十年来，岳云在战争中磨炼战技，也在战斗中成长，他的骁勇更是无人能比。

岳云接到父亲的命令，就带了背嵬精骑兵开城出战，一马当先,直闯敌阵,而背嵬军也人人鼓勇,个个争先,往来驰逐在敌人的阵地内,枪挑锤击,鏖战了数十回合,杀得敌人尸横遍野。

兀术听到消息称,有一个小将很是勇猛,势不可当,就亲自骑马持了大斧要来交战,却不知哪里杀出了杨再兴,与兀术碰个正着,上来并不答话,唰唰唰一连数枪,杀得兀术毫无还手之力,就虚晃一斧,回马便走。兀术回到帐内,气喘吁吁,越想越气,就下令放出"拐子马"来。

这"拐子马"是兀术最精锐的部队,又号称"铁浮屠",三马相连,马上骑士都身披重甲,头用铁皮罩上,只露一双眼睛,别人刺不到,却能手持利器,任意杀敌。"拐子马"部队一向横行中原,无人敢挡,只是在顺昌之战曾被刘锜杀败,因为那时"拐子马"只有数千骑,骑士也未戴面罩。之后,兀术对"拐子马"重加整补、严于训练,而骑士也都戴上了面罩,人数增加到一万五千人。

"拐子马"像一堵铁墙一样,把岳云和背嵬军围困在阵内,岳云不顾生死,抖擞精神厮杀,往返突围了半个时辰,身上已受几处创伤,还在用力支撑。兀术见岳云已被"拐子马"困住,很是欣喜。

忽然城内一声炮响，放出一队藤牌军来，每人左手持着藤牌护身，右手执刀，专砍马腿，一马倒下，另外两匹马也不能走。不一会儿工夫，一万五千骑"拐子马"被砍得人仰马翻，鞍上骑士跌下马来，重甲在身也行动不便，只有坐以待毙。岳云乘势杀出，岳飞又领兵阻击。金兵被杀得大败，向北逃去。

兀术逃了一程，见岳飞收军不追，才停下来喘息，检点军马，死伤大半，一万五千骑"拐子马"没了九成，不禁痛苦地说："我从起兵起，都靠我的'拐子马'取胜，现在却被岳飞击溃，'拐子马'从此不复存在了！"

兀术悲痛不已，经韩常等人不住劝解，才止住悲痛，又调集人马，再攻郾城。

郾城、颍昌之战

在郾城城北五里店，兀术与岳家军背嵬军将王刚相遇，双方展开厮杀。岳飞又亲自率领四十骑背嵬军突击敌阵，军队士气倍增，都以一当百。金兵招架不住，又被杀得大败。

兀术寻思连一个岳飞都赢不了，怎么能进军江南呢？就命韩常又调动了十二万骑兵、步兵军,转攻临颖。这时碰着杨再兴正率着三百骑游奕兵巡逻到这个地方,见金兵浩浩荡荡杀奔而来,他也顾不得敌众我寡,奋起神威,迎头杀入。金兵虽然人多,却因措手不及,而金将又远非杨再兴的敌手,只能让他往来突围、枪挑剑砍。

兀术曾领受过杨再兴的枪法,于是下令军马迅速退回,引诱杨再兴到了小商桥畔。没想到杨再兴的马陷入泥泞之中,那边兀术立刻命人乱箭射来,杨再兴空有一身本事,却终被射死在小商桥畔。张宪虽然赶来相救,却已回天乏术。但是,杨再兴和他所率的三百名游奕兵,共杀死敌人万户撒八孛堇一名、敌兵两千多人,也足以让金兵胆寒。

当郾城再告捷,岳飞认为敌人必然回军攻击颖昌,就命令岳云率背嵬军去支援王贵。不久,兀术果然统带着步兵十万、骑兵三万蜂拥而来,从舞阳桥以南,连绵十多里,金鼓震天地杀到了颖昌。

岳云、王贵分别率领着背嵬与游奕军,居中突击,步兵左右夹击包抄。兀术女婿统军上将夏金吾,自恃武艺高强,见岳云很瘦弱,就骑马赶过来要生擒他。两人打不到十个回合,夏金吾就被岳云一锤打下马来。金兵见主将被打死,士气大减,回身就逃,自相践踏,死伤无数。后面的军队以为是前面已被杀败,也纷纷奔逃,兀术制止不住,也只有随大家狼狈逃回。王贵、岳云追赶了一程才收兵。

这时,岳飞之前过河招纳的统制梁兴,已与两河忠义豪杰取得联系,连续夺州取县,掩杀地方伪官,使敌后的金人时刻都处于风声鹤唳、草木皆兵的紧张恐惧状态。

岳飞知道敌人的气势已经被耗光,就统率着部队主力,从颍昌北上,到达朱仙镇,距汴京不过四十五里,部队将士个个摩拳擦掌,跃跃欲试,准备杀敌过河。兀术被逼无奈,只有带着汴京全部的十万人马出城迎敌。

岳飞不等金兵稳住阵脚,就命令岳云率五百背嵬军长驱直入。金兵见来的将领又是那个锤杀大将夏金吾的小将,气势大减,还没开战,就已经溃逃了。岳云与五百背嵬军,恰似虎入羊群,锤击刀砍,十万金兵死伤无数。兀术也为了保住自个儿的性命,骑着快马,逃回了汴京。

岳飞立刻快马加鞭奏请趁朱仙镇大胜之机,过河杀贼,收复疆土。高宗看着不断的捷报,心中十分欢喜,一再褒奖岳飞。

兀术败回汴京,内心十分懊恼,准备再整顿军备迎敌,可是手下将士被岳飞杀得怕了,一个个气沮神丧,无人敢再战。

兀术在河北传出檄文,想调集各路人马,但也是石沉大海。

这时,中原一带的磁、相、开、德、泽、潞、晋、绛、汾、隰等州,豪杰之士纷纷出示"岳"字旗以示响应。两河(今山西、河南一带)的百万忠义之士,也都观望着,打算趁机发难;父老百姓更是踊跃向义军送粮食送马,等待宋朝军队,地方守备也没人敢拦阻。自燕(河北)以南,金人的号令已经无法施行。于是,兀术哀叹说:"自从我朝兴起于北方以来,从来没有遭到过像今天这样的挫败。"

金朝将领务陵思谋一向号称凶暴狡猾,也不能制服他的部下,只能劝谕他们说:"不要轻举妄动。等到岳家军到来时便投降。"

金军统制王镇、统领崔庆、将官李觊、崔虎、华旺等人都率所部投降,以至于金朝禁卫龙虎大王的属下忔查、千户高勇等人,也都秘密接受岳飞的旗号,从北方前来归降。

金军将领韩常,也由于颍昌之败、兀术婿夏金吾被杀,派人与岳飞秘密联系,愿率五万人马投降。

现在,只要岳飞挥军渡河,就可一鼓作气向北追击,横扫燕云等地,收复国土。眼见壮志得酬,岳飞一时豪情大发,对王贵、牛皋、张宪等人说:"这回如果直捣黄龙府,到时候就和

你们痛快喝一回!"原来,岳飞过去很喜欢喝酒,饮酒数斗不
醉,高宗要他将来到了河朔才可以饮酒,其后他便滴酒不沾。
这是流传至今的"黄龙痛饮"的由来。

被十二道金牌召回

兀术已经明白自己的处境十分危急,如果不及时撤退,一
旦归路被断,更无路可走了,不禁长叹一声,带了亲信和近卫,
预备弃了汴京,当夜渡河北归。这时,一个太学生走到他马前,
说:"您这是要去哪里?"

兀术意兴阑珊地说:"我打算渡河归国。"

太学生又说:"太子不要着急回去,岳飞用不了多久就会
退走,汴京可安然无恙。"

兀术冷笑着说:"岳飞用五百骑兵破我精兵十万,这里的
百姓也都日夜盼他到来,你怎么能保我安然无恙?"

这个太学生又说:"自古以来,怎么会有权臣在内,而大将
能立功于外的呢! 以我观察,岳飞就要大祸临头了。您何不
留下来试着等等呢!"

兀术明白了他说的是什么，就留在汴京没走。

秦桧在临安刚刚庆幸他没因金人的背叛盟约受到牵累，却不料岳飞竟以两月不到的时间连克河南州郡，进逼汴京，朝廷上下震动，只要过河就能够收复失地。

秦桧为这件事情日夜忧思，既不愿见金兵南下，也不愿见岳飞功成，只有划界议和，彼此休兵，才是他进身立业的好台阶。如今，皇上对岳飞褒誉有加，如何能制止岳飞过河，能让他班师回朝呢？秦桧心生一计，就派遣朝廷的一个特使传岳飞班师。

岳飞正在谋划过河事宜，忽然有朝廷特使到来，催促他停战班师回朝。岳飞不禁大为惊诧说："这是为什么？"

朝廷特使说："秦丞相与金朝的议和已有眉目，所以请您班师还朝。"

岳飞愤怒地说："现在恢复中原已经近在眼前，怎么能中道班师回朝呢？请您稍等片刻，容我上疏，请您将这奏折带回。"

岳飞的奏折上写道：

> 金人屡战屡败，士气沮丧，抛弃全部辎重，急忙渡过

黄河北逃；两河地区的英雄豪杰闻风响应；我军士兵拼死效命。这样的时机不会再来，难得的机会不应轻易放弃。

高宗看完奏折之后，不知道秦桧派使者这一回事，只认为岳飞听到什么风吹草动所以才上疏，就对他宽慰一番，让他不要轻进，可与杨沂中、刘锜共同商议，如有机会可乘，就约定日期一起进攻。

秦桧自然是坐立不安，他急得团团转，心想，怎么才能说动高宗，让他给岳飞下诏班师呢？他忽生一念，就匆匆进朝。

高宗对秦桧说："你怎么这么匆忙？"

秦桧说："为了陛下的江山。"

高宗又说："朕的江山很好。"

秦桧说："听说岳少保逼近汴城，过河收复失地指日可待。"

秦桧又近前一步，郑重地说："臣为陛下着想，这事只能忧不能喜。"

高宗不明白秦桧要说什么。秦桧继续说："岳少保大兵渡河，恢复国土固然是没问题。但是，如果金人抵挡不过，愿意拿前任皇帝求和,陛下该怎么办呢?"

高宗听了之后,沉默了很久。秦桧看高宗沉默,马上抢着又说:"天下人都知道金人愿意送归前任皇帝求和,这必然陷陛下于不义。如果陛下答应了这个请求,那么一旦先帝回朝,陛下还怎么作为一国之君,怎么面对满朝文武大臣呢?"

高宗越听越觉得冷汗直流,他慌忙问秦桧:"那你说该怎么办呢?"

秦桧立刻说:"以孤军深入不当为理由,让岳飞马上班师回朝。兀术已经遭到重创,绝对不敢再轻易侵犯了。这样的话,难道不是一举两得吗!"

高宗其实挺器重岳飞的,听到这样的话也想了很久,叹了口气才勉强答应,让秦桧一手操办去了。

于是,秦桧先用釜底抽薪的计谋,命令韩世忠、张俊、杨沂中、刘锜各自把军队驻扎在以前的地方,韩世忠回到楚州(今江苏淮安)、张俊回到建康(今南京)、杨沂中回到泗州(今安徽泗县)、刘锜回到太平(今安徽当涂);又命令四川众将领,如胡世将、吴麟、杨政、郭浩等,如果没有得到诏令,不要轻举妄动。

绍兴十年(1140年)七月二十日,秦桧一天连下了十二道金字牌,命令岳飞班师回朝。岳飞悲愤交加,于是哭着向临安奏请:"臣十年的劳苦将在今天被瓦解了!权臣误国啊!"

岳飞得到消息,韩、张、杨、刘各军都已经接到命令撤退了,而自己的军队也已经深入敌境,又怕兀术察觉而阻断岳家军的归路,所以放出风声说:"大军明天渡河杀敌。"

兀术后悔自己听了那个太学生的话,又怕汴京城内的老百姓对自己不利,就连夜弃城逃跑,向北跑了一百多里才停下。

岳飞忍着悲愤,下令班师回朝。父老百姓都牵着马挽留岳飞,哭着说:"我们为宋朝军队运粮草,迎接宋朝大军,金人早已知道。岳将军您要是走了,我们就没一个人能活命啊!"

岳飞也无可奈何,忍着泪水,出示了金字牌,说:"我不是不愿意留下,只是朝廷有诏书,让我立刻班师回朝,我不敢违背诏书擅自留下啊!"

老百姓也知道事情已经难以挽回,一时间哭声震天。

岳飞回到蔡州,又有好多老百姓一起挽留军队,岳飞只能把金字牌放在案几上让他们观看。大家一见事情已经这样,哭声四起说:"这可怎么办啊?"

岳飞于心不忍,只能说:"如果你们愿意迁徙,我会划出汉上六郡的闲田让你们耕作谋生。"

等到军队离开的时候,百姓也开始迁徙,万人空巷,老幼相携,不绝于途。

秦桧设计解除三大帅兵权

绍兴十年(1140年)四月到七月,岳飞带领着岳家军挥师北伐,占据了绝对优势,打得金兵连连败退。眼看收复失地的壮志将要得酬之时,却突然被迫班师回朝。这实在是功败垂成,让岳飞沮丧不已。他已经心灰意冷,失望透顶,就上奏章请求朝廷解除自己的兵权。高宗当然是不肯,他想尽办法去安抚岳飞。

九月初一日,岳飞到达临安。高宗为了对岳飞表示嘉奖,颁发了没有填姓名的补官文凭四百八十一道,由他委派正任承宣使以下的官吏。

绍兴十一年(1141年)正月,兀术看到宋军都被召回去了,就聚集了十万大军,进犯淮西,一举攻下了寿春(今安徽寿县),又渡过淮河,攻陷了庐州(今安徽合肥)。

负责防卫淮西的张俊、杨沂中、刘锜,合力抵抗来犯的敌人。高宗又命令岳飞从黄州(今湖北黄冈)、蕲州(今湖北蕲春)两地绕到敌人身后,支援淮西守军,致使敌人腹背受敌。

岳飞接到诏告,此时他正身体不适,感染风寒,咳嗽不停,但是他仍旧不顾疾病缠身,亲自率领背嵬精骑兵连夜赶往庐州。

兀术一听岳飞来救援,郾城的伤痛记忆犹新,就连夜带领部队逃回淮北。他的部下韩常见到这种情景,也就渡过淮河向北逃走了。庐州之围被化解,岳飞暂时屯兵舒州(今安徽安庆)待命。

兀术听到岳飞由庐州回师舒州后,又转军进袭濠州(今安徽凤阳)。高宗命令岳飞率兵与韩世忠、张俊、杨沂中、刘锜会师援救。岳飞奉命立刻赶往救援,抵达定远,离濠州不远。兀术得到消息后,又逃跑了。

秦桧占据相位,高高在上,但是心中念念不忘的是众将领手握兵权而难以控制,他最怕朱仙镇的一幕重演。

一天,范同向秦桧献计说,请将三大帅同时调到枢密院,自然就解除他们的兵权了。秦桧听了之后很高兴,当即密奏高宗,以柘皋(今安徽巢湖市柘皋镇)之捷为理由,召韩世忠、张俊、岳飞一起赶赴临安,论功行赏。

　　高宗召见范同，范同奏明高宗说，祖宗定制的规矩向来如此，军权统归朝廷，地方不得拥有军权。现在三大帅都拥有很大的兵权，开府设官，这好像建立另一个朝廷一样。如果他们任意一个有了异心，恐怕不好控制。高宗觉得他说得很有道理，立刻命令范同、给事中林待聘连夜在学士院中草拟诏命。为了不泄露机密，当夜就封锁了学士院。

　　第二天，高宗就任命韩世忠、张俊为枢密使，岳飞为枢密副使。

　　四月二十七日，高宗又罢黜韩世忠、张俊、岳飞三个宣抚司的职位。

　　高宗此时只听信秦桧、范同的意见，满足于他们口中所谓的中央集权。他们从未想过，一旦有了警报该怎么御敌！

　　一天，黄机密从鄂州赶来向岳飞辞去官职，说自己将要回乡务农，对仕途这方面心灰意冷了。岳飞听后十分悲痛，更是十分悲愤。

　　送走了黄机密，岳飞每天都郁郁寡欢。心想，自己哪天也能像黄机密一般闲云野鹤呢？可是眼前最紧要的还是如何避嫌释疑。于是，岳飞立刻奏请朝廷请求交出背嵬亲兵，并请求将家眷由江州迁来临安居住。

难和秦桧、张俊相容

绍兴十一年（1141年）五月十一日，有诏令说让韩世忠留在枢密院办事，让张俊、岳飞一起前往楚州检阅军马、安排战略防御，以枢密行府的名义抚定韩世忠军马。于是，岳飞、张俊一起去相府拜见秦桧。

秦桧说："你们这次去，要防着韩世忠的亲信！"

岳飞冷笑一声说："现在韩太保（韩世忠）已经调离，楚州的军队就是朝廷的军队，韩太保怎么能控制得了呢！"这句话让秦桧没有任何理由辩驳，秦桧脸色变得很难看。

张俊却恭维地说："太师您考虑得对。"

岳飞暗自想："我很难赞同秦桧、张俊等人的意见。与其以后受到牵制，不如现在急流勇退，上奏朝廷请求辞去枢密副使一职。"朝廷不准。岳飞无奈，只有与张俊一起去楚州。

张俊很清楚秦桧对韩世忠很不满，所以对岳飞说："朝廷之所以留下韩世忠，让我们来楚州检阅军马，无非是要我俩趁机把军队平分，控制住局面而已。"

岳飞不以为然地说:"国家抵御外敌,恢复中原,就只有咱们三四个人。万一皇上又让韩太保领军,你我二人还有什么脸面与他相见呢?"

张俊听后十分不快。后来两个人巡视楚州城,张俊说:"这城太过单薄,不能御敌,应该修缮。"

岳飞针锋相对地说:"修缮城府,只是为了保命,而我们所应做的是该如何杀敌,恢复疆土。"

张俊很恼怒,却又没法发作。张俊以前本来十分器重岳飞,后来因为岳飞受朝廷不断提拔,与他平起平坐,逐渐心生嫉妒。虽然岳飞对他处处恭谨小心,但他还是无法释怀。所以,他回到朝廷就散播流言中伤岳飞,说岳飞打算放弃山阳楚州,退保长江。

楚州军吏景著曾私下对总领胡纺说:"两个枢密使这次前来,一定是要瓜分军队。本来军队挺好的,他们一来事情就不好了!"

胡纺将这话上告朝廷,秦桧立刻将景著抓捕,将他投放到大理寺狱,严刑拷打,想要株连韩世忠。

岳飞不忍心看韩世忠被无辜牵连,就写信给他,告诉他事情的经过。韩世忠惊恐万分,亲自拜见高宗。

高宗也很惊诧,安慰他说:"怎么会有这种事情?朕会为你做主的。"

　　第二天,高宗向秦桧查问这件事,秦桧一看事情要败露,只能说:"韩世忠是国家栋梁,忠心无二,怎么能任意受到株连呢!"秦桧不得已,只有借着诋毁罪的罪名将景著发配了事。

　　秦桧为了这件事情每天都愁眉不展,恰巧一次张俊过来拜见,秦桧恨恨地说:"不知道是什么人将这件事泄露给韩世忠,让他抢得先机有澄清自己的机会!"

　　张俊想也没想就说:"不会有别人,一定是岳飞。临去楚州前,他不是也曾为韩世忠辩解吗?"

　　秦桧咬牙切齿地说:"岳飞!我不杀你,誓不为人!"

　　秦桧说完,知道自己失言了,心想必须拉拢张俊才不会让岳飞知道,便对张俊说:"我原本想奏报皇上由你一个人执掌枢府,不想皇上却又委任韩世忠、岳飞。如果能去了韩世忠、岳飞,全国兵权就由你一个人执掌了!"

　　张俊拜倒说:"这都要靠太师您提携了。"

　　于是,秦桧、张俊便合谋排挤岳飞,首先让监察御史万俟卨(mò qí xiè)向朝廷奏请弹劾岳飞的三个罪状:

一、爵高禄厚,志满意得,日益颓惰;

二、淮西之役,逗留不前;

三、公然对将佐倡言山阳不可守,沮丧士气,动摇民心。

万俟卨的人在岳飞坐镇鄂州的时候,为了讨好岳飞,曾经当面提出"足兵""足财""树威""树人"四个策略。

所谓"足兵",就是建议岳飞要不顾朝廷的命令,扩充军队;所谓"足财",就是建议岳飞设法充裕财源,这样就可以雄踞襄汉,举足轻重;所谓"树威",就是建议岳飞借理由诛杀在朝大臣,在朝廷立威;所谓"树人",就是建议岳飞在管辖范围之内遍布亲信,朝中也应有密切的同僚可以通信,这样不会孤立无援,遭人暗算。

岳飞听完很不高兴,斥责万俟卨说:"我岳飞这一生,只知道有朝廷,不知道有个人。你竟劝我拥兵自重,割据称雄!你说这种话,我本该将你查办,但是见你千里迢迢赶过来,我今天就放过你,今后别再来找我!"

万俟卨乘兴而来,败兴而归,一腔怨气无处使,到了建康就上疏弹劾岳飞。于是,秦桧把万俟卨收为心腹,举荐他为监察御史,他也就死心塌地投靠在秦桧的门下了。

继万俟卨之后,又有御史中丞何铸、殿中侍御史罗汝楫也上疏弹劾岳飞。

岳飞知道自己与秦桧及其亲党很难相容,一再奏请朝廷辞去枢密副使的职位,然而高宗一再不准。

最后,高宗了解岳飞去意已决,到了八月初九日才同意他的请求,但高宗仍然授予他武胜定国军节度使的官职,追加少保一职。

虽然岳飞辞去了枢密院的官职,高宗也确实很眷念他,但是岳飞更知道秦桧及其亲党很难容他。因此,他每夜都是辗转反侧,无法入睡。

这时已经到了深秋,岳飞追忆往事,十分感慨。张所、宗泽、李纲、赵鼎等,这些知遇过他的长官,虽然有时难免在思想、看法上有所不同,但他们都是君子,忠于朝廷,一心一意恢复中原,消灭敌人,最后却又都落到相同的下场,这真是天妒英才!岳飞一时百感交集,就提笔写下《小重山》这首词:

> 昨夜寒蛩不住鸣。惊回千里梦,已三更。起来独自绕阶行。人悄悄,帘外月胧明。

白首为功名。旧山松竹老,阻归程。欲将心事付瑶琴。
知音少,弦断有谁听?

千古奇冤

绍兴十一年(1141年)八月,岳飞被削去了兵权,并且辞
去了枢密院副使的职位,秦桧本来应该很高兴才是,但是,他
见高宗对岳飞仍旧是恩宠有加,又赐给他房屋,担心时间一
长,岳飞再度被起用,岂不是功亏一篑了? 于是,秦桧找来张
俊商议,怎么才能将岳飞置之死地。

张俊自信地说:"这件事情很好办,请太师放心!"于是,
他派人秘密引诱岳飞的部将,只要能出头状告岳飞的,就给以
重赏。但是,岳飞深得军心,竟没有一个人理睬他。

后来张俊得知,王贵曾在颍昌之战害怕受到岳云的责罚,
他帐下一个士兵偷东西被岳飞撞见,将他打了一百杖。他们
就派心腹想挑拨王贵与岳飞之间的关系。

王贵却觉得岳飞赏罚分明,而且深得人心。但是,王贵的

175

一个可致人死罪的机密不幸被张俊知道了。张俊就以这个作为要挟，王贵十分害怕，只有服从。张俊要王贵诬陷岳飞谋叛，王贵跟随岳飞戎马生涯，对岳飞也是敬爱有加，不想污蔑他，就替张俊找了另一个人——张宪的前军副统制王俊。

张俊派人找到王俊，王俊很痛快地就答应了。张俊又拟了一份文状，叫亲信悄悄给了王俊，让他向都统制王贵告发岳飞。这么一来，就是岳飞的手下自主揭发岳飞的罪状，高宗也不会怀疑了。

王俊本来就对张宪不满，现在有这么好的机会，当然是迫不及待地拿着文状向王贵告发。文状中主要是说：岳飞曾派人秘密向张宪求救，于是张宪和王俊商议，打算把军马移往襄阳，迫使朝廷起用岳飞前去控制，这样就救了岳飞。如果朝廷不肯让岳飞去，张宪就在襄阳拥兵自重；如果朝廷要攻打，张宪就与金人联系，让金人出兵相助。

九月初七日，王贵接到王俊的诬状，虽然知道状中说的没有一个是事实，但为了自保，不得不把文状秘密转交给枢密行府。

九月初八日，张俊收捕了张宪，让张宪把岳飞供出来。张宪坚决不承认有过这种事。于是，张俊就用严刑酷法对张宪

176

逼供。张宪昏死过去好几次,但还是坚定地咬牙否认。

张宪被打得体无完肤,奄奄一息,张俊却得不到张宪的口供。怎么才能抓捕岳飞父子呢?张俊想了半天,最终替张宪拟了一份供招,代他画了押,就说他已经招供认罪。

十月初,张宪被送到临安大理寺拘押起来。十三日,秦桧奏请朝廷召回岳飞父子,拿张宪谋叛的事对质。高宗本来没有答应。秦桧退出大殿后,却撒谎说高宗已经同意这件事了。

有人把秦桧要陷害岳飞的事告诉了岳飞,提醒他来见高宗的时候要带上辩书。岳飞十分愤怒地说:"如果苍天有眼,绝不会陷忠良于不义;如果遇到不幸的话,还逃避什么呢!"

接着,秦桧派人逮捕岳飞父子证实张宪的事情,他们到达岳府时,岳飞大笑说:"我的忠心,日月可鉴!"说完就大踏步走了出去。

岳亨见这个情景,绝不是进宫听旨的状况,急忙紧紧跟着岳飞。原来,自从岳飞解除了兵权之后,岳亨也辞去官职,后又随岳飞到了临安。岳飞劝岳亨另找出路,他却说:"大哥您一生忠君爱国,出生入死,尚且这样,我当官又有什么乐趣呢?"

到了大理寺,岳亨被拦在外边,不能进去,又打听不到消息，只能回府报告。祸从天降，李氏夫人不禁泣不成声，府中的老小也是哭成一片。

岳飞的次女银瓶，年龄才十三岁，却十分镇定，写了血书，从墙上取下宝剑，刚要出门，被岳亨看到，于是二人决定一起出府门，为岳飞申冤。他们刚一出门，就被禁兵阻住，二人与禁兵交战。岳亨保护着银瓶一路冲杀，最终还是寡不敌众，岳亨被乱刀砍杀，银瓶也投井而死。

岳飞被人带到了大理寺，才知道岳云已经先被逮捕。

御史中丞何铸上个月也弹劾过岳飞，本来他以为岳飞有罪，经提审后才发现岳飞并没有造反的意思，而且背上刺有"尽忠报国"四个大字，才知道是受张俊的愚弄，就将实情禀报了上去。

秦桧知道何铸已经不能为自己所用了，立刻免去了他的御史中丞一职，改由万俟卨继任，指派周三畏、大理寺丞何彦猷去审岳飞。

万俟卨为出鄂州抚司那口恶气，首先提审岳飞，但是，只匆匆问了两句，问不出什么，便挥手将岳飞带下去了。接着，万俟卨严刑拷打张宪、岳云，要他们供出岳飞谋叛朝廷的罪状，但都一无所获。

秦桧天天催他们赶快将岳飞的供状拿出来,早日审判,以免夜长梦多。临安城内现在已经是呼声四起,都说岳飞冤枉。韩世忠当面斥责秦桧,要他说出岳飞被捕的实情,秦桧想以"莫须有"(可能有罪)的理由搪塞过去。韩世忠愤怒地说:"好一个'莫须有'!这三字怎么能让天下心服口服!"

秦桧他们见很多人都为岳飞鸣冤,就抓捕两个代表,把他们严刑拷打,扔进大狱。尽管如此,还是难以堵住人们的嘴。秦桧十分烦恼,如果取不到岳飞谋叛的口供,一旦高宗查问起来,该怎么回答呢?

万俟卨更是焦急,用尽心机,终难定岳飞的罪。忽然有人提醒说:"淮西之战,岳飞接旨后却故意逗留。难道这不是一项大不赦的罪名吗?"

万俟卨如梦初醒,马上让人去岳飞的宅院搜出当时的御札,私藏起来,销毁证据,又逼迫岳飞原来的部下孙革、于鹏等人证实岳飞确实曾经逗留过。只是书信中往来的日期都很明确,没办法对上。秦桧就让亲信把这些日期弄乱,并企图拿这些质问岳飞,录取口供。

在绍兴十年(1140年)与兀术的淮西之战中,高宗曾经发了十五封手信,催促岳飞出兵援助。岳飞在接到高宗手信之前，先后于元月中旬、二月初四日连上三章，请朝廷同意让他出兵蕲州、黄州，绕到敌人背后两面夹攻。岳飞既然曾经主动上疏请求出兵救援，怎么还会有逗留的事情呢？万俟卨不管那些，因为在信上做了手脚，就什么也不怕，只是一口咬定岳飞当时漠视皇命，故意逗留。

岳飞嗤笑说："你们这些纯属一派胡言，都不值得我去辩驳。"

万俟卨拍案而起，愤怒地说："岳飞，你不要逞一时的口快，这里可不是你鄂州的宣抚司，我也不是当年的提点刑狱。"

岳飞说："不是又怎么样？"

万俟卨也厉声说："我要你从实招来！"

岳飞明白就算他怎么辩驳都无济于事，只能受到小人的侮辱，于是说："好吧，拿纸笔来。"

书吏赶忙拿来纸墨笔砚。岳飞奋笔疾书，在上面写下"天日昭昭！天日昭昭！"八个大字，写完之后就闭着眼不说话了。

秦桧见了岳飞所写的八个字，却笑道："只此八字就够了。"万俟卨也杜撰了岳飞的自白书，并作成状文送给秦桧。

当众人在审后定罪之时，何彦猷说岳飞罪不至死，但由于是万俟卨主审,他就在状文中写下了一个"斩"字。

秦桧看了万俟卨送来的刑部大理寺判决状文,摇着头叹了口气说:"这恐怕瞒不过皇上。"正在犯愁的时候,忽接到兀术秘密派人送来的蜡书,上面说:

如果想议和的话,就杀了岳飞作为条件。

原来,兀术已经知道了岳飞被捕下狱的事。

秦桧得到这个蜡书,心里有了底,就把岳飞在淮西之战故意逗留的"状书"呈给高宗,高宗不信。于是,秦桧说金人要以杀了岳飞作为议和的条件。

高宗生气地说:"不议和就算了,我不会下令杀岳飞的!"

秦桧说:"太后的年纪已经很大了,不知道是不是希望自己能过上安定的日子呢?"高宗听了之后沉默不语。

秦桧见高宗动了心,又抢着说:"如果金人的议和没有达成,再把先帝送到汴都复位,又该怎么办呢?"

高宗叹了口气说:"岳飞是无辜的,朕不忍心杀他。"

秦桧又上前一步说:"陛下,小不忍则乱大谋。陛下难道忍心眼睁睁把自己的江山拱手让给别人吗?"

高宗皱着眉头,想了半天才缓缓说:"你先把刑部大理寺的状书留下，容朕想想。"

高宗看着岳飞、岳云、张宪等人的判决状文，百感交集，实在是不知道该怎么办才好了。其实他心里也清楚，这些人明明都是冤枉的，可是……突然，高宗脑海中闪现了秦桧刚才所说的"小不忍则乱大谋"的话，于是他果断地做了决定。他提起笔来写道：

　　　特赐岳飞死罪。张宪、岳云依照军法当斩，将杨沂中监斩……

绍兴十一年十二月二十九日除夕（1142 年 1 月 27 日），大理寺按照高宗的旨意执行。岳飞时年才三十九岁，岳云也不过二十三岁，张宪比岳云稍微大一点而已。他们三人的死，实在是千古奇冤。

岳飞去世后，最初埋葬在临安钱塘门外九曲城下五显神祠附近。

在岳飞去世二十一年后，绍兴三十二年（1162 年），高宗去世，孝宗即位，下诏为岳飞平反，追谥"武穆"，改葬在西湖西北的栖霞岭下。光宗之子宁宗，追封岳飞为"鄂王"。

如今，西湖湖畔的"宋岳鄂王墓"就是岳飞墓，墓旁有其子岳云墓。

岳飞的"尽忠报国"精神是不可磨灭的,他是中国历史上一位杰出的民族英雄!